特级教师的三十堂现代文阅读课

陆继椿 著

上海人民出版社

序

陆继椿老师近年来针对中学生文学漫步的需要，选择“五四”以来名家名作进行阅读评说，在报刊上辟“阅读一得”专栏发表。现为进一步推动阅读活动的开展，从专栏中所载之文择其要结集出版，嘱我为其作序。

我与陆老师相识已三十余年。20世纪80年代初，他就醉心于编写初中语文教材，这套教材先在本校学生中使用，后又扩展到外校、外省市使用，形成教材改革中一道美丽的风景线。这套教材的编排是以写作教学为主线的，但陆老师是名读书人，深知读是写的基础，写得顺当，写得言之有物、言之有情、言之有文，相当程度上是由于爱读、会读、多读，既重视精读，又注意博览。读、写两手抓，理解、运用共生共进，方能引领学生提升语文能力，提高语文素养。数十载春夏秋冬的语文教学生涯，他仍执著于引领学生阅读、写作，希望学生从中深受其益，真是不改初心，令人尊敬。

有关读书的重要性，古往今来不知有多少精辟的言语告喻世人，特别是激励成长中的青少年学生。用俯拾皆是来形容，毫不为过。然而在当下，对这些至理名言又有多少人入耳入心呢？又有多少人化为行动，身体力行呢？成人的现状不乐观，青少年学生呢？人的青少年时期原本是求知欲旺盛，阅读精品、上品的黄金时期，但是由于应试功利的强烈干扰，求学不读书，在题海中浮沉，已是司空见惯。不少学生有阅读兴趣，但苦于时间紧缺，精心不济，力不从心，无可奈何！当下，高考、中考都在进行改革的探索，但愿学生能有自主支配的时间，阅读曙光在前。

要着力培养中学生的阅读饥饿感，没有阅读饥饿感，难以有发自内心的喜爱，更不用说形成阅读的习惯。人有饥饿感必然会积极主动地操劳饮食。三日不吃饭，不饮水，身体运转就成大问题，生命存活就受到严重威胁。故而，无须多费口舌，“民以食为天”就成为大家的共识。心灵本就有饥饿感，幼稚、蒙昧、无知、贫乏、卑微，需要养料滋养，才能发育成长。阅读就是滋养心灵，促进精神成长的必需。离开了经典、文学佳作的营养输送，心灵的干枯、萎缩、卑琐、狭隘，乃至被污泥浊水污染就不言而喻。在物质受到顶礼膜拜的气候下，人们对物质享受、身体健康极为重视，而对心灵发育、精神成长常不闻不问，不以为意，有的甚至认为虚幻，看不到实利，故而鄙视书、不读书也就不足为怪了。殊不知人的尊严、人的价值绝不是如动物般的饱食终日，而是精神世界的闪光。人要摆脱无知、贫乏、卑微、狭隘、迷茫，追求正心、诚意、高尚、智慧、仁爱，须臾离不开优秀文化经典、名著佳作的滋养。读书读的是天地人事，读自然，读社会，读人生，增长见识，认识世界，活跃思维，体悟人生百味。读书培育的是生命自觉，丰富多彩的读物给你打开一扇扇窗，让你进入其中，了解事物的奥秘，结交多种朋友，辨别是非善恶，追寻人生真谛。通过养眼，实现养心，久而久之，阅读者的格调、气质就会高雅起来，高贵起来，“腹有诗书气自华”，为人做事就会有一番气象。反之，闭目塞听，不思精神进取，孤陋寡闻且不说，面目也可憎。“三日不读书面目可憎”，黄庭坚这句话对书于人的功能、作用剖析得可谓生动又深刻，启人深省。

文学作品的阅读，对青少年学生而言，更是生活的必需，人生的必需。文学是人学，人心之学。文学是人类文明的高峰，是高于生活之上的理性思考。文学作品样式多样，小说、诗歌、散文、戏剧等等，不管何种样式，都离不开对生活的观照、对世事的洞察、对人情的眷恋、对生命的尊敬、对哲理的感悟、对真善美的追寻，认真阅读，体悟语言的精妙、作者的匠心，会享受到成长的快乐。陆老师对每篇作品的来龙去脉、价值取向、结构特色、语言魅力均作了精要的评说，中学生读者阅读附录的作品，既可有寻路之便，又可联系生活实际，阅读积累，开展想象，质疑问难，深入底里，获得真知，提升阅读能力，与陆老师交流，分享读书的欢快。

祝愿中学生读者增强阅读饥饿感，多读书，读好书，吮吸琼浆醍醐，做心灵丰富、精神轩昂的人。

于　漪

目　录

读莫言

读胡适

读书之道

说到“五四”新文化运动，不能不推崇胡适先生，因为他始终以“研究问题，输入学理，整理国故，再造文明”为己任。他不仅是一时的新文化运动的主将，而且是20世纪中国新文化的一代宗师。梁实秋先生说他“最爱写的对联是：大胆的假设，小心的求证；认真的做事，严肃的做人。”这正是他为人做事做学问的自我写照。

胡适先生是位中外兼通的学者，他不仅饱读诗书，在继承我国传统文化上，有很深的造诣，而且他所具备的西方文化的学识，也非同凡响。他一生获得的三十六个博士头衔，也并非都是“荣誉”而已。因而，在非常广泛的文学、史学、哲学、教育学、社会学等领域取得的成果，都光灿夺目，令人引领而望！

1924年北京《京报副刊》的主编者曾提出“哪几种书是青年所必须读的”这个问题，当时有许多人发表意见，有的还开列了书目，引起了社会关注。事关教导青年的社会问题，胡适先生演讲撰文也就在大家的期盼之中了。作为一个大学者，又是认真做事、严肃做人的青年导师，胡适先生在《读书》一文中非常有针对性、非常恳切地，从自己的读书经验出发，谈了读书之道。所谈见解精辟，叙述白话（原是讲稿），博古通今，例证详实。今天读来，真个是深入浅出、明白如话、循循善诱之文！

文章高屋建瓴，从纵观古今读书的三种说法，即要读何书、读书的功用、读书的方法说起，突出读书的方法，详加说明。文章开宗明义地交代："我今天是要想根据个人所经验，同诸位谈谈读书的方法。"然后，醒目地提出"读书有两个要素：第一要精，第二要博。"朴素，亲切，诚恳，读者当然会心聆听，渴望受教了。

胡适先生认为"精"的要求，读书"三到"：眼到，口到，心到，还不够，须有"四到"，应再加一个手到。并且，对传承的"三到"又分别作了"胡说"（先生曾在课堂上幽默称自说）的经验之谈。他读书眼到的经验是："每个字的一笔一画都不放过。"他不仅举了中文例子说明，还举了英文例子："把 port 看作 pork，把 oats 看着 oaks，于是葡萄酒一变而为猪肉，小草变成了大树。"他的忠告是："一时眼不到，贻害很大，并且眼到能养成好习惯，养成不苟且的人格。"这只有奉信"严肃的做人"信条的胡适先生，方能如此强调吧。他读书口到的经验是："一句一句要念出来"，现在虽不提倡背书，但有些书，"仍旧有熟读的必要"，他认为"念书的功用能使我们格外明了每句话的构造，句中各部分的关系"。他还反思说："往往一遍念不通，要念两遍以上，方才能明白的。"

"三到"之中，心到最重要。胡适先生说心到，与众不同。不是一般地说用心，更不是枯坐冥想地面壁，而是"要靠外面的设备及思想的方法的帮助"。完全是"小心的求证"的做派！于是，"奉劝大家，当衣服，卖田地"，也要买好一点的字典，辞典，参考书。还要会文法分析，"懂得文法构造，方才懂得它的意义"，这该是多指读外文书说的吧，因为他举的例子是劝买《韦氏大字典》，并说"终身享受不尽"。心到着重说的是："有时要比较参考，有时要融会贯通，方能了解。"接着，先举读英文书的例子，后举读中文书的例子。详尽得很。几个中外例子都归结到为了读懂上。读书心到，就要思考，而有比较才有更好的思考；思考生疑，又会产生更深的思考，思考清楚了，才可能真懂了。为了更深入说明，他又引用了两位大学问家宋儒张载、程颐的名言："学则须疑"、"学贵心悟"、"学原于思"。由此而推出自己的新见解"工具要完备，思想要精密，就不怕疑难了"。

手到是胡适先生的创新，一是指读书要及时整理自己的心得，“或做提要，或做说明，或做讨论”，才可变成自己的东西，他举了一个做关于进化论读书札记的例子，重重点出“手到是心到的法门”。二是不能小看“动手标点，动手翻字典，动手查书”，叮咛这些“都是极要紧的读书秘诀，诸位千万不要轻轻放过”。用其弟子顾颉刚从标点《古今伪书考》开始，成为著名的史学家的例子，突出顾“手到的工夫勤而且精”，从而说明“没有动手不勤快而能读书的，没有手不到而能成学者的”。极具说服力。

胡适先生说的“博”，也是从做学问和做人来谈的。第一，为预备参考资料计。他非常同意王安石的主张：“读经而已，则不足以知经”，“致其知而后读”。胡适的新解是：“读一书而已则不足以知一书。多读书，然后可以专读一书。”并且幽默地建议大家“无论读什么书总要多配几副好眼镜”；其中最精彩的例证是达尔文研究生物演变，积累了无数材料，读到马尔萨斯的人口论，忽然大悟生存竞争的原则，于是，上升到物竞天择之说，演绎出进化论的煌煌巨著。第二，为做人计。胡适先生很有意思地用旗杆、大薄纸和金字塔作比喻，说明专工一技一艺的人孤单似杆，博览而无所专长的人浅薄如纸，都没有什么社会影响，个人“也很少乐趣”；而博大精深的学者，就像金字塔：“塔的最高度代表最精深的专门学问”，“塔底的面积代表博大的范围，精深的造诣，博大的同情心”。这样的人是人才，社会影响大，自己也能充分享受人生的乐趣。

胡适先生如此郑重其事地系统介绍读书经验，当然是希望大家都能读好书，做好学问，做一个有益于社会的好人。

附：

读 书

胡 适

“读书”这个题，似乎很平常，也很容易。然而我却觉得这个题目很不好讲。据我所知，“读书”可以有三种说法：

一、要读何书　关于这个问题，《京报》副刊上已经登了许多时候的“青年必读书”；但是这个问题，殊不易解决，因为个人的见解不同，个性不同。各人所选只能代表各人的嗜好，没有多大的标准作用。所以我不讲这一类的问题。

二、读书的功用　从前有人作“读书乐”，说什么“书中自有千钟粟，书中自有黄金屋，书中自有颜如玉”，现在我们不说这些话了。要说，读书是求知识，知识就是权力。这些话都是大家会说的，所以我也不必讲。

三、读书的方法　我今天是要想根据个人所经验，同诸位谈谈读书的方法。我的第一句话是很平常的，就是说，读书有两个要素：第一要精，第二要博。

现在先说什么叫“精”。

我们小的时候读书，差不多每个小孩都有一条书签，上面写十个字，这十个字最普遍的就是“读书三到：眼到，口到，心到”。现在这种书签虽不用，三到的读书法却依然存在。不过我以为读书三到是不够的；须有四到，是：“眼到，口到，心到，手到。”我就拿它来说一说。

眼到是要个个字认得，不可随便放过。这句话起初看去似乎很容易，其实很不容易。读中国书时，每个字的一笔一画都不放过。近人费许多功夫在校勘学上，都因古人忽略一笔一画而已。读外国书要把ABCD等字母弄得清清楚楚，所以说这是很难的。如有人翻译英文，把port看作pork，把oats看作oaks，于是葡萄酒一变而为猪肉，小草变成了大树。说起来这种例子很多，这都是眼睛不精细的结果。书是文字做成的，不肯仔细认字，就不必读书。眼到对于读书的关系很大，一时眼不到，贻害很大，并且眼到能养成好习惯，养成不苟且的人格。

口到是一句一句要念出来。前人说口到是要念到烂熟背得出来。我们现在虽不提倡背书，但有几类的书，仍旧有熟读的必要；如心爱的诗歌，如精彩的文章，熟读多些，于自己的作品上也有良好的影响。读此外的书，虽不须念熟，也要一句一句念出来，中国书如此，外国书更要如此。念书的功用能使我们格外明了每一句的构造，句中各部分的关系。往往一遍念不通，要念两遍以上，方才能明白的。读好的小说尚且要如此，何况读关于思想学问的书呢？

心到是每章、每句、每字意义如何？何以如是？这样用心考究。但是用心不是叫人枯坐冥想，是要靠外面的设备及思想的方法的帮助。要做到这一点，须要有几个条件：

一、字典，辞典，参考书等等工具要完备。这几样工具虽不能办到，也当到图书馆去看。我个人的意见是奉劝大家，当衣服，卖田地，至少要置备一点好的工具。比如买一本韦氏大字典，胜于请几个先生。这种先生终身跟着你，终身享受不尽。

二、要做文法上的分析。用文法的知识，作文法上的分析，要懂得文法构造，方才懂得它的意义。

三、有时要比较参考，有时要融会贯通，方能了解。不可但看字面。一个字往往有许多意义，读者容易上当。

例如 turn 这字：作外动字解有十五解，作内动字解有十三解，作名词解有二十六解，共五十四解，而成语不算。

又如 Strike：作外动字解有三十一解，作内动字解有十六解，作名词解有十八解，共六十五解。

又如go字最容易了，然而这个字：作内动字解有二十二解，作外动字解有三解，作名词解有九解，共三十四解。

以上是英文字须要加以考究的例。英文字典是完备的；但是某一字在某一句究竟用第几个意义呢？这就非比较上下文，或贯串全篇，不能懂了。

中文较英文更难，现在举几个例：

祭文中第一句“维某年月日”之“维”字，究作何解，字典上说它是虚字。《诗经》里“维”字有二百多，必须细细比较研究，然后知道这个字有种种意义。

又《诗经》之“于”字，“之子于归”“凤凰于飞”等句，“于”字究作何解？非仔细考究是不懂的。

又“言”字人人知道，但在《诗经》中就发生问题，必须比较，然后知“言”字为连接字。

诸如此例甚多。中国古书很难读，古字典又不适用，非是用比较归纳的研究方法，我们如何懂得呢？

总之，读书要会疑，忽略过去，不会有问题，便没有进益。

宋儒张载说：“读书先要会疑。于不疑处有疑，方是进矣。”又说：“在可疑而不疑者，不曾学。学则须疑。”又说：“学贵心悟，守旧无功。”

宋儒程颐说:"学原于思。"

这样看起来,读书要求心到;不要怕疑难,只怕没有疑难。工具要完备,思想要精密,就不怕疑难了。

现在要说手到。手到就是要劳动劳动你的贵手。读书单靠眼到,口到,心到,还不够的;必须还得自己动动手,才有所得。例如:

一、标点分段,是要动手的。

二、翻查字典及参考书,是要动手的。

三、做读书札记,是要动手的。札记又可分四类:

(a)抄录备忘。(b)作提要,节要。

(c)自己记录心得。张载说:"心中苟有所开,即便札记。不则还塞之矣。"(d)参考诸书,融会贯通,作有系统的著作。

手到的功用。我常说:发表是吸收知识和思想的绝妙方法。吸收进来的知识思想,无论是看书来的,或是听讲来的,都只是模糊零碎,都算不得我们自己的东西。自己必须做一番手脚,或做提要,或做说明,或做讨论,自己重新组织过,申叙过,用自己的语言记述过,——那种知识思想方才可算是你自己的了。

我可以举一个例。你也会说"进化",他也会谈"进化",但你对于"进化"这个观念的见解未必是很正确的,未必是很清楚的；也许只是一种“道听途说”，也许只是一种时髦的口号。这种知识算不得知识，更算不得是“你的”知识。假如你听了我的话，不服气，今晚回去就去遍翻各种书籍，仔细研究进化论的科学上的根据；假使你翻了几天书之后，发愤动手，把你研究所得写成一篇读书札记；假使你真动手写了这么一篇“我为什么相信进化论”的札记，列举了：

一、生物学上的证据；

二、比较解剖学上的证据；

三、比较胚胎学上的证据；

四、地质学和古生物学上的证据；

五、考古学上的证据；

六、社会学和人类学上的证据。

到这个时候，你所有关于“进化论”的知识，经过了一番组织安排，经过了自己的去取叙述，这时候这些知识方才可算是你自己的了。所以我说，发表是吸收的利器；又可以说，手到是心到的法门。

至于动手标点，动手翻字典，动手查书，都是极要紧的读书秘诀，诸位千万不要轻轻放过。内中自己动手翻书一项尤为要紧。我记得前几年我曾劝顾颉刚先生标点姚际恒的《古今伪书考》。当初我知道他的生活困难，希望他标点一部书付印，卖几个钱。那部书是很薄的一本，我以为他一两个星期就可以标点完了。那知顾先生一去半年，还不曾交卷。原来他于每条引的书，都去翻查原书，仔细校对，注明出处，注明原书卷第，注明删节之处。他动手半年之后，来对我说，《古今伪书考》不必付印了，他现在要编辑一部疑古的丛书，叫做“辨伪丛刊”。我很赞成他这个计画，让他去动手。他动手了一两年之后，更进步了，又超过那“辨伪丛刊”的计画了，他要自己创作了。他前年以来，对于中国古史，做了许多辨伪的文字；他眼前的成绩早已超过崔述了，更不要说姚际恒了。顾先生将来在中国史学界的贡献一定不可限量，但我们要知道他成功的最大原因是他的手到的功夫勤而且精。我们可以说，没有动手不勤快而能读书的，没有手不到而能成学者的。

第二要讲什么叫“博”。

什么书都要读，就是博。古人说：“开卷有益”，我也主张这个意思，所以说读书第一要精，第二要博。我们主张“博”有两个意思：

第一，为预备参考资料计，不可不博。

第二，为做一个有用的人计，不可不博。

第一，为预备参考资料计。在座的人，大多数是戴眼镜的。诸位为什么要戴眼镜？岂不是因为戴了眼镜，从前看不见的，现在看得见了；从前很小的，现在看得很大了；从前看不分明的，现在看得清楚分明了？王荆公说得最好：

世之不见全经久矣。读经而已，则不足以知经。故某自百家诸子之书，至于《难经》《素问》《本草》诸小说，无所不读；农夫女工，无所不问；然后于经为能知其大体而无疑。盖后世学者与先王之时异矣；不如是，不足以尽圣人故也。……致其知而后读，以有所去取，故异学不能乱也。惟其不能乱，故能有所去取者，所以明吾道而已。（答曾子固）

他说："致其知而后读。"又说："读经而已，则不足以知经。"即如《墨子》一书在一百年前，清朝的学者懂得此书还不多。到了近来，有人知道光学，几何学，力学，工程学等，一看《墨子》，才知道其中有许多部分是必须用这些科学的知识方才能懂的。后来有人知道了伦理学，心理学等，懂得《墨子》更多了。读别种书愈多，《墨子》愈懂得多。

所以我们也说，读一书而已则不足以知一书。多读书，然后可以专读一书。譬如读《诗经》，你若先读了北大出版的《歌谣周刊》，便觉得《诗经》好懂的多了；你若先读过社会学，人类学，你懂得更多了；你若先读过文字学，古音韵学，你懂得更多了；你若读过考古学，比较宗教学等，你懂得的更多了。你要想读佛家唯识宗的书吗？最好多读点伦理学，心理学，比较宗教学，变态心理学。

无论读什么书总要多配几副好眼镜。

你们记得达尔文研究生物进化的故事吗？达尔文研究生物演变的现状，前后凡三十多年，积了无数材料，想不出一个单筒贯串的说明。有一天他无意中读马尔图斯的人口论，忽然大悟生存竞争的原则，于是得着物竞天择的道理，遂成一部破天荒的名著，给后世思想界打开一个新纪元。

所以要博学者，只是要加添参考的材料，要使我们读书时容易得“暗示”；遇着疑难时，东一个暗示，西一个暗示，就不至于呆读死书了。这叫做“致其知而后读”。

第二，为做人计。专工一技一艺的人，只知一样，除此之外，一无所知。这一类的人影响于社会很少，好有一比，比一根旗竿，只是一根孤拐，孤单可怜。又有些人广泛博览，而一无所专长，虽可以到处受一班贱人的欢迎，其实也是一种废物。这一类人，也好有一比，比一张很大的薄纸，禁不起风吹雨打。

在社会上，这两种人都是没有什么大影响，为个人计，也很少乐趣。

理想中的学者，既能博大，又能精深。精深的方面，是他的专门学问。博大的方面，是他的旁搜博览。博大要几乎无所不知，精深要几乎惟他独尊，无人能及。他用他的专门学问做中心，次及于直接相关的各种学问，次及于间接相关的各种学问，次及于不很相关的各种学问，以及毫不相关的各种泛览。这样的学者，也有一比，比埃及的金字三角塔。那金字塔（据最近《东方杂志》，第二十二卷第六号，页一四七）高四百八十英尺，底边各边长七百六十四英尺。塔的最高度代表最精深的专门学问；从此点以次递减，代表那旁收博览的各种相关或不相关的学问。塔底的面积代表博大的范围，精深的造诣，博大的同情心。这样的人，对社会是极有用的人才，对自己也能充分享受人生的趣味。宋儒程颢说的好："须是大其心使开阔：譬如为九层之台，须大做脚始得。"

博学正所以"大其心使开阔"。我曾把这番意思编成两句粗浅的口号，现在拿出来贡献给诸位朋友，作为读书的目标：

为学要如金字塔，要能广大要能高。

画像之戒

胡适先生的《差不多先生传》是一篇针砭当时我国国民性弱点的著名文章，浅显意深，通俗幽默。有人说它是讽刺小说，有人说它是人物寓言。这当然是各持己见的文体论者，其实，文章只是讲了一个有趣的故事。如果从传承关系来说，不妨重读一遍陶渊明的《五柳先生传》，“先生不知何许人也，亦不详其姓字，宅边有五柳树，因以为号焉……”这是靖节先生归隐的自画像。其中取名行文，幽默叙事，文路文风，如出一辙，但五柳先生清高旷达，气节可嘉！差不多先生却是马虎糊涂，庸弱可怜！中国人的传统血脉里，竟有如此悬殊的品质和思维方式！

“五四”前后的先进文化学者，由于痛感旧中国的积贫积弱，有些人从思想文化的源流上去深入研究，探讨国民性的弱点。鲁迅和胡适就是其中深刻的思想者，鲁迅笔下的阿Q和胡适笔下的差不多先生，就是他们各自塑造的当时国民性弱点的形象人物。当然《阿Q正传》作为中篇小说，表现更加丰富，更加多方面了。

差不多先生也是“中国最有名的人”之一。胡适先生吸取坊间说书人的口吻开篇，也就定下了通俗说话的调子。然后夸大其词，用调侃式的幽默介绍差不多先生的籍贯姓氏，已经将国民性代表的特点突显了。此公“人人皆晓，处处闻名”，“各省各县各村人氏”；他既是名人，又是普通人，普通得就像你的街坊邻居，亲戚朋友，“见过他”，“谈起他”，甚至“天天挂在大家的口头”！

妙在介绍差不多先生的相貌，“和你我都差不多”，此话有深意焉，或许，差不多先生阁下就是，至少也有些方面是差不多的。哪些方面？“看的不很清楚”，“听的不很分明”，“气味和口味都不很讲究”，记性“不很精明”，思想也“不很细密”。一切都是马马虎虎，粗心大意，捣捣浆糊，自我安慰。故而差不多先生的处世格言是“凡事只要差不多，就好了。何必太精明呢？”

差不多先生这种品质和思维方式非一朝一夕形成的，似乎是从娘胎里带来的。从小到大，到死。教训可谓多矣，然而，他执迷不悟，死不悔改，病死绝气之前，还断断续续地强调他的人生格言，还对格言作了最终的改定，把“精明”改为“认真”。这一改，差不多先生又退了一步，使他一生的为人处世，境界全出，达到了超凡脱俗的“圆通”高度！

胡适先生是很会讲故事的，编的故事都是以小见大。此文提炼出差不多先生一生中各个阶段的典型事例，用简练的漫画勾勒法作叙述，于荒唐可笑之中发人深思。小时候，妈妈骂他买错了糖，他就很不理解，无奈地“摇摇头说：‘红糖白糖不是差不多吗？’”上学了，应该懂事些吧，但他依然故我，答错老师的提问，就是不认错：“陕西同山西不是差不多吗？”长大成人了，胡适先生安排他去一个锱铢必较的“钱铺里做伙计”，真个是品质固化，思维定势，他竟然常常“十”、“千”混写，掌柜骂他，态度有进步，像个老成的伙计，“笑嘻嘻地陪小心”，但辩解却强词夺理：“千字比十字只多一小撇，不是差不多吗？”

这种人当然常常自以为是，误事闯祸是难免的。胡适先生编出两个“有一天”的故事，娓娓详叙：一个是误事的；一个是闯祸的。

误的是“要紧的事”。有一天，他乘火车到上海去办事，迟到了两分钟，火车开走了；描写他“从从容容”走到站，“白瞪着眼”望着远去火车吐的烟，并不着急，更不绝望，而是自我安慰：“今天走同明天走，也还差不多。”反过来，还批评火车公司太认真，想不通“为什么火车不肯等他两分钟”。让读者从又好气又好笑中，深入领会“差不多”的荒唐！

闯的是“一命呜呼”的大祸。有一天，他得了急病，家人请错了医生，没请到东街的汪医生，却请来西街的牛医王大夫。差不多先生有苦说不出，口虽不言，心里却想“好在汪大夫同王大夫也差不多，让他试试看吧”。看来，王大夫把人当牛医，也是位“差不多”医生。不仅妙在两个“差不多”默契合作，更妙在差不多先生的临终遗言：“活人跟死人也差……差……差不多，……凡事只要……差……差……不多就……好了，……何……何……必……太……太认真呢?”不仅执迷不悟，死不悔改，还更差劲地用“认真”换掉了“精明”，改定了他的人生格言。

正因为胡适先生是位“认真的做事，严肃的做人”的大学者，所以，才能从中国文化里把“差不多”文化剔出来，塑造成“圆通大师”差不多先生，于好气好笑和哭笑不得之中，警戒世人!

附：

差不多先生传

胡　适

你知道中国最有名的人是谁?

提起此人，人人皆晓，处处闻名。他姓差，名不多，是各省各县各村人氏。你一定见过他，一定听过别人谈起他。差不多先生的名字天天挂在大家的口头，因为他是中国全国人的代表。

差不多先生的相貌和你和我都差不多。他有一双眼睛，但看的不很清楚；有两只耳朵，但听的不很分明；有鼻子和嘴，但他对于气味和口味都不很讲究。他的脑子也不小，但他的记性却不很精明，他的思想也不很细密。

他常说："凡事只要差不多，就好了。何必太精明呢？"

他小的时候，他妈叫他去买红糖，他买了白糖回来。他妈骂他，他摇摇头说："红糖白糖不是差不多吗？"

他在学堂的时候，先生问他："直隶省的西边是哪一省？"他说是陕西。先生说："错了。是山西，不是陕西。"他说："陕西同山西，不是差不多吗？"

后来他在一个钱铺里做伙计；他也会写，也会算，只是总不会精细。十字常常写成千字，千字常常写成十字。掌柜的生气了，常常骂他。他只是笑嘻嘻地赔礼道："千字比十字只多一小撇，不是差不多吗？"

有一天，他为了一件要紧的事，要搭火车到上海去。他从从容容地走到火车站，迟了两分钟，火车已开走了。他白瞪着眼，望着远远的火车上的煤烟，摇摇头道："只好明天再走了，今天走同明天走，也还差不多。可是火车公司未免太认真了。八点三十分开，同八点三十二分开，不是差不多吗？”他一面说，一面慢慢地走回家，心里总不明白为什么火车不肯等他两分钟。

有一天，他忽然得了急病，赶快叫家人去请东街的汪医生。那家人急急忙忙地跑去，一时寻不着东街的汪大夫，却把西街牛医王大夫请来了。差不多先生病在床上，知道寻错了人；但病急了，身上痛苦，心里焦急，等不得了，心里想道：“好在王大夫同汪大夫也差不多，让他试试看罢。”于是这位牛医王大夫走近床前，用医牛的法子给差不多先生治病。不上一点钟，差不多先生就一命呜呼了。差不多先生差不多要死的时候，一口气断断续续地说道：“活人同死人也差……差……差不多，……凡事只要……差……差……不多……就……好了，……何……何……必……太……太认真呢？”他说完了这句话，方才绝气了。

他死后，大家都称赞差不多先生样样事情看得破，想得通；大家都说他一生不肯认真，不肯算帐，不肯计较，真是一位有德行的人。于是大家给他取个死后的法号，叫他做圆通大师。

他的名誉越传越远，越久越大。无数无数的人都学他的榜样。于是人人都成了一个差不多先生——然而中国从此就成为一个懒人国了。

伟人之伟

俄国19世纪享誉世界的文学巨匠托尔斯泰，被列宁称为俄国革命的一面镜子，非常了不得，但紧接着列宁又称之为傻头傻脑的地主，极其揶揄与鄙视。

托尔斯泰的三大名著《战争与和平》、《安娜·卡列尼娜》、《复活》，全景式地反映了革命前夜的俄国社会，是足以进入世界文学宝库的一流作品。在当时的俄国，托尔斯泰已负盛名，属于天下无人不识君之列。然而，托尔斯泰确实继承了380（或说417）公顷土地的大庄园，是个贵族大地主。不过，他并不傻，只是因为痛恨农奴制，同情下层人民，愧疚上流生活，便粗衣淡饭，经常跟农夫一起劳动，成为贵族地主的异类。

这样一位伟大的作家，却于1910年一个风雪交加的晚上，像个穷苦老农，病死在一个偏僻的小火车站里。似乎很蹊跷，震惊了全世界。当时尚没有发生新文化运动。后来成为新文化运动主将之一的胡适先生，还在用文言写作。

于是我们读到了这篇《托尔斯泰临终时事》，从中可以了解托尔斯泰晚年的为人状况，临终是怎么回事，还可以认识胡适先生文言叙事的简练流畅，揣摩文言与白话的相互关系。

文章开头“有俄国人名盖金者见访，为余言托尔斯泰临终时事，因记之”，这是文言记事表达中常用的一种交代说明，有的用在开头，有的用在结尾。这里说明此事是从盖金处听来的，根据确切，而这是件大家关注的事，于是，郑重其事地记叙如下。交代得简单明确，引起读者对“托尔斯泰临终事”的阅读兴趣。

托尔斯泰最后的日子，他的追随者切尔可夫和夫人索菲娅各有不同的记载。盖金作为当时的俄国人，他的见证可供一说。胡适先生是个忠实的记录者，记录得全面，清晰，并且极富可读性。

“托氏”，是中国式的简称，尊称，即是“托尔斯泰先生”。胡适先生的笔调举重若轻，神秘兮兮，引人入胜：“一日忽遁去不见。报纸争载其事。警察随地访查，乃不可得。”托氏为什么忽然秘密离家出走？他到哪里去了？许多报纸都登了，警察也出动了；有意思的是用“争载”、“随地”作描写，可见，社会上沸沸扬扬，盛传其事，猜测颇多。托氏的盛名也可想而知了。“盖”是语首词，表以下承叙原因。原来老先生“衣敝衣，状若工人，杂稠人中，不易辨也”。托氏穿着破旧的衣服，完全像个穷苦工人的样子，混杂在众人之中，谁能认他出来！记此细节，托氏的平民思想，身体力行，由此可见；而他得到群众的爱戴关心，更是令人钦佩：人人都从照片上认识他，因而，“火车每到一站，居民群集，默察下车者”。其中，“群集”的一个个场面，难以想象，令人感动！胡适先生揣摩群众心理，给托氏取了一个雅号——“怪杰”，十分贴切、传神、幽默并且令人起敬！

其实，“怪杰”不怪，“托氏实往南方视其姊。其姊居尼寺中，老矣”，是去探望住在教堂里的老姐姐，由于托氏的盛名，还受到教会的欢迎。想不到，托氏看过姐姐就悄悄地回家了。“归途乘工人所乘之火车，车无盖，不避风雨。”那时候正值11月的严冬，托氏已八十二岁高龄，乘敞篷车，混杂在穷苦的工人里。这种道德上的自赎简直是自残，绝不是常人能够理解的。终于，不幸因为“不蔽风雨”而“中途受寒”，病倒了，走不动了，“止于小站，卧病数日即死”。这个小站叫阿斯达波沃，托氏最后躺在这小站的站长室里，走完了他复杂而伟大的人生之路。

托尔斯泰的庄园波里阿纳，位于古老俄罗斯的中心，“距莫斯科不远”。归葬时，连莫斯科的大学生，都“辍学”

三天，“赴其丧”，不去上课而往吊唁，此处补一句“盖金亦与焉”，原来盖金就是其中的大学生，亲眼目睹，亲身感受，更显得记事的真实可靠。“自四方来会葬者无数。其尸由学生数十人移至墓所。”送葬者来自四面八方，浩浩荡荡；最后，由几十个学生抬送棺材到墓地下葬。墓地是托氏生前选定的“在数株槐树间”，十分简朴，连墓碑都没有，何其平凡而伟大！这里补叙“将葬，送葬者成列，一一行过托氏尸前为礼，逾数时始尽。”跟托氏遗体告别进行了好几个钟头，这伟大，在人群中的送葬中凸显，更在人心里激荡啊！

葬礼之后，“临终时事”叙述结束。但文章没有结束，因为盖金还去参观了托氏的书房，它不仅“小而陋”，而且“一桌一椅，皆托氏手制”，“平日着犊鼻裈，与农夫工人同操作”。无论是干木匠活打家具，还是穿着围裙跟农夫工人一样劳动，都可见这位贵族地主大文豪以平民意识要求自己之严；正因为如此，所以对穷人“好施不倦”，邻居们不管是谁都把他当作自家人，他失踪才会引起大家的关注，他逝世才会有那么多人赶来送行！

胡适先生的文言叙事，深得古人简约章法，凝练有序，波澜起伏，其中用语明白，已经在向白话发展了。

附：

托尔斯泰临终时事

胡　适

有俄国人名盖金者见访，为余言托尔斯泰临终时事，因记之。

托氏于千九百十年间，一日忽遁去不见。报纸争载其事。警察随地访查，乃不可得。盖托氏衣敝衣，状若工人，杂稠人中，不易辨也。然其相片则举国识之。故火车每到一站，居民群集，默察下车者，疑中有此怪杰也。

托氏实往南方视其姊。其姊居尼寺中，老矣。教中长老闻托来，以为托将复归旧教（希腊教，耶教之一宗），争迎之。托至，视其姊即去。归乘工人所乘之火车，车无盖，不蔽风雨。中途受寒，止于小站，卧病数日即死。

死后，其尸归葬于其乡，距莫斯科不远。莫斯科有十九大学，皆辍学三日。学生五六千人往赴其丧，盖金亦与焉。自四方来会葬者无数。其尸由学生数十人移至墓所。墓地在数株槐树间，盖托氏生前所择也。将葬，送葬者成列，一一行过托氏尸前为礼，逾数时始尽。

既葬，盖金往视其书室。室小而陋，一桌一椅，皆托氏手制，此外唯有书无数耳。托氏平日着犊鼻裈，与农夫工人同操作，好施不倦。其邻居无贤不肖皆爱之如家人焉。

读鲁迅

堕着的心

鲁迅先生的作品，而今选入课本的都属经典。听有些同学说，学生学语文有三怕，其中之一是“怕周树人”。其实，“横眉冷对千夫指，俯首甘为孺子牛”的鲁迅先生，是捧着一颗爱心写文章的；唯其有爱，所以有恨，能够做到爱憎分明，是其所是，非其所非。在鲜明的爱憎是非之中，他不仅解剖别人，而且更严格地解剖自己。因而，他的文章既深刻又深情。《风筝》就很有代表性地体现了这个特点。

鲁迅先生有三兄弟，他是老大，两个弟弟分别是周作人和周建人。文中写到的“小兄弟”应该是后来成了生物学家的周建人。鲁迅先生比他大七岁。文中交代小兄弟“那时大概十岁内外”，文中的“我”就是十七八岁的青年了，在发现小兄弟躲在小屋里做蝴蝶风筝的时候，愤怒的“我”在吓呆了的小兄弟面前，“伸手折断了蝴蝶的一支翅骨，又将风轮掷在地下，踏扁了”，转身傲然走出，当然，无论是论长幼，论力气，那时“他是都敌不过我的”。

“我”的气愤来自于认为做风筝、放风筝“是没出息孩子所作的玩艺”，爱其小兄弟，也就恨其没出息了。什么是有出息孩子？文中没说，但从三味书屋过来的周树人自然懂得，无非是子曰诗云和琴棋书画之类。当他成为“鲁迅”之后，人到中年，沉淀在记忆深处的那一幕，那一次“完全的胜利”，随着阅历和见识的渐深，观点变了，思维方式变了，“惩罚”终于轮到“我”了！

那次教训小兄弟“胜利”后，“我”永远抹不去一个十岁内外的孩子对玩风筝的向往、追求和“苦心孤诣”地偷偷制作的片断，在北京严冬季节，偶尔看见“远处有一二处风筝浮动”，这些片断便辑成一部“惩罚”的悲剧了。

小兄弟很可怜，鲁迅描写了这样三个片断：

“张着小嘴，呆看着空中出神，有时至于小半日。远处的蟹风筝突然落下来了，他惊呼；两个瓦片风筝的缠绕解开了，他高兴得跳跃。”

“曾见他在后园拾枯竹。”

“在尘封的什物堆中发现了他。他向着大方凳，坐在小凳上；便很惊惶地站了起来，失了色瑟缩着。”

真是传神的描写！看风筝、拾枯竹、做风筝时，小兄弟“瘦得不堪”的小小的身子，小嘴、眼神，动作，那么专注，又那么富于变化！而这天真、活泼、纯朴的可爱的孩子，见到突然闯入的大哥，竟吓得脸色煞白浑身发抖了。“我”的愤怒更是无情的打击和摧残！可以想见，“我”傲然走出之后，小兄弟站在小屋里的“绝望”情景：幼小的心灵里一片悲凉、孤独、伤心和痛苦！从封建教育的要求论，大哥的观点和做派都是正确的，是恨铁不成钢的大爱表现；然而，从以人为本的现代教育来看，却是极端错误的，是“精神的虐杀”——这是二十年来，大哥认识和批判了封建教育，“看了一本外国的讲论儿童的书，才知道游戏是儿童最正当的行为，玩具是儿童的天使”。

鲁迅先生就是这样如实地记叙了又“一件小事”，现身说法地描写了“我”对小兄弟“精神虐杀的这一幕”，用犀利的解剖刀解剖了自己，看清了自己当年那一幕中的狰狞面目和残忍行为，心灵上产生了悔恨和羞愧的重压，“心也仿佛同时变了铅块，很重很重地堕下去了”。

如此深刻而又深情的文字，读者谁不为之震撼而动容！

这堕着的心怎样才能放下啊？回到幼小时候去补过是不可能的，于是，只有请求小兄弟宽恕了，然而，有一回找到机会谈及此事，已有沧桑经历的小兄弟竟“全然忘却，毫无怨恨”。可见，封建教育毒害之深，小兄弟当时受到摧残后，也许就改“邪”归“正”而变得“有出息”起来。或许还想大哥是爱我、为我好啊。于是，毫无怨恨，抹去了伤痕，日子一久，自是全然忘却了。

于是，“我”的心只得沉重着。然而，鲁迅毕竟是鲁迅，他的解剖刀忽由此而转向封建的余威——“严冬”。它“正给我非常的寒威和冷气”；只有待春暖花开时——封建鬼东西消灭了，一颗堕着的心才有可能放下了。读周树人的美文，细细品味是享受，有什么可怕呢？

附：

风　筝

鲁　迅

北京的冬季，地上还有积雪，灰黑色的秃树枝丫杈于晴朗的天空中，而远处有一二风筝浮动，在我是一种惊异和悲哀。

故乡的风筝时节，是春二月，倘听到沙沙的风轮声，仰头便能看见一个淡墨色的蟹风筝或嫩蓝色的蜈蚣风筝。还有寂寞的瓦片风筝，没有风轮，又放得很低，伶仃地显出憔悴可怜模样。但此时地上的杨柳已经发芽，早的山桃也多吐蕾，和孩子们的天上的点缀照应，打成一片春日的温和。我现在在那里呢？四面都还是严冬的肃杀，而久经诀别的故乡的久经逝去的春天，却就在这天空中荡漾了。

但我是向来不爱放风筝的，不但不爱，并且嫌恶他，因为我以为这是没出息孩子所做的玩艺。和我相反的是我的小兄弟，他那时大概十岁内外罢，多病，瘦得不堪，然而最喜欢风筝，自己买不起，我又不许放，他只得张着小嘴，呆看着空中出神，有时至于小半日。远处的蟹风筝突然落下来了，他惊呼；两个瓦片风筝的缠绕解开了，他高兴得跳跃。他的这些，在我看来都是笑柄，可鄙的。

有一天，我忽然想起，似乎多日不很看见他了，但记得曾见他在后园拾枯竹。我恍然大悟似的，便跑向少有人去的一间堆积杂物的小屋去，推开门，果然就在尘封的什物堆中发见了他。他向着大方凳，坐在小凳上；便很惊惶地站了起来，失了色瑟缩着。大方凳旁靠着一个蝴蝶风筝的竹骨，还没有糊上纸，凳上是一对做眼睛用的小风轮，正用红纸条装饰着，将要完工了。我在破获秘密的满足中，又很愤怒他的瞒了我的眼睛，这样苦心孤诣地来偷做没出息孩子的玩艺。我即刻伸手折断了蝴蝶的一支翅骨，又将风轮掷在地下，踏扁了。论长幼，论力气，他是都敌不过我的，我当然得到完全的胜利，于是傲然走出，留他绝望地站在小屋里。后来他怎样，我不知道，也没有留心。

然而我的惩罚终于轮到了，在我们离别得很久之后，我已经是中年。我不幸偶而看了一本外国的讲论儿童的书，才知道游戏是儿童最正当的行为，玩具是儿童的天使。于是二十年来毫不忆及的幼小时候对于精神的虐杀的这一幕，忽地在眼前展开，而我的心也仿佛同时变了铅块，很重很重的堕下去了。

但心又不竟堕下去而至于断绝，他只是很重很重地堕着，堕着。

我也知道补过的方法的：送他风筝，赞成他放，劝他放，我和他一同放。我们嚷着，跑着，笑着。——然而他其时已经和我一样，早已有了胡子了。

我也知道还有一个补过的方法的：去讨他的宽恕，等他说，“我可是毫不怪你啊”。那么，我的心一定就轻松了，这确是一个可行的方法。有一回，我们会面的时候，是脸上都已添刻了许多“生”的辛苦的条纹，而我的心很沉重。我们渐渐谈起儿时的旧事来，我便叙述到这一节，自说少年时代的胡涂。“我可是毫不怪你啊。”我想，他要说了，我即刻便受了宽恕，我的心从此也宽松了罢。“有过这样的事么？”他惊异地笑着说，就像旁听着别人的故事一样。他什么也不记得了。

全然忘却，毫无怨恨，又有什么宽恕之可言呢？无怨的恕，说谎罢了。

我还能希求什么呢？我的心只得沉重着。

现在，故乡的春天又在这异地的空中了，既给我久经逝去的儿时的回忆，而一并也带着无可把握的悲哀。我倒不如躲到肃杀的严冬中去吧，——但是，四面又明明是严冬，正给我非常的寒威和冷气。

长衫之痛

鲁迅先生的《孔乙己》，我读过不知几遍，还教过好几次；有关的资料也翻阅了不少，若要谈自己的收获，可谓俯拾皆是。

这篇小说应该是经典中的经典。

鲁迅在答复好友孙伏园问“在先生的小说中，你自己最喜欢的是哪一篇”时，明确地说过“是《孔乙己》”。作者脱口而出评价自己的作品，定然是创作匠心的深层比较反映。我作为一个鲁迅作品的感悟者，也最喜欢《孔乙己》。

这篇小说虽短，却浓缩了一个社会和一个人的一生；特别是一个潦倒文人在一片取笑声中像泡沫一样地消逝，令每个有良知的读者产生同情、震撼和深思！无论从哪个角度切入，探究下去，都会触及人类灵魂的深处。叙述一个故事，描写一个人物，塑造一个典型形象，能够如此地凝练、自然和生动，真可谓娓娓道来，妙趣横生，活灵活现了！选入课本，无论是给学子阅读体味，还是写作研习，都是极好的典范。

随着一个十二岁的小伙计“我”的见闻，我们看到鲁镇的咸亨酒店，那当街一个曲尺形的大柜台，区别出社会经济地位不同的短衣帮和长衫客。短衣帮是做工的，靠柜外站着喝酒，那是休息；长衫客踱进店里慢慢地坐喝，那是品酒；只有孔乙己与众不同，他是穿长衫的，却跟短衣帮一样站在柜台外喝酒，属鲁镇上一个引人注目的特殊酒客——一个好喝懒做暂时来借酒消愁的潦倒文人。于是，孔乙己的长衫，而且是“又脏又破，似乎十多年没有补，也没有洗”的长衫，就成为他——一个社会矛盾人、边缘人、多余人的标志。

长衫，是当时社会人表明自己身份、地位、修养的穿着。做官的、有钱的、有文化的人，穿长衫，踱方步，显示优雅、清闲或者高贵、摆阔，然而，孔乙己什么都不是。他只是一个穷途末路的读过书的人！如果他进了学，中了举——当时读书人的最好出路，就有可能像《儒林外史》里的范进那样，由草民变成老爷，甚至变成丁举人那样可以横行乡里的人。可悲的是，他“连半个秀才也捞不到”，以至于坐吃山空，一贫如洗了。

那么多年的书读下来，他鄙薄技艺，当然“不会营生”，尽管生得“身材很高大”，也还是个文弱书生，哪有劳动力？再说，也放不下读书人的架子脱下长衫去做工，加入短衣帮队伍，自食其力。因而，好喝懒做的孔乙己从来就没这样想过。他赖以安身立命的根本，聊以自慰的宝贝，就是“之乎者也”，那一卷卷背得滚瓜烂熟的四书五经。他当然必须保持穿长衫的读书人的穿着。在他看来，自己的穷困潦倒，不过是时运不济、怀才不遇而已。

于是，他是生活在最底层的穷人，心里却自以为是“唯有读书高”的精神贵族，无论在谁的眼里都是十分可笑的。这个“站着喝酒而穿长衫的唯一的人”，自然就成为死气沉沉的冷漠社会里的笑料了。人们无情地挖苦他，嘲笑他，揭他的伤疤，使他丢面子、尴尬、难堪、痛苦，每次都能达到“店内外充满了快活的空气”的效果。

尽管如此，孔乙己还是用一切“之乎也者”招架过去，企图保卫自己“精神贵族”的尊严，自己安慰自己。也正因为如此，他始终没有失去人性的善良、热心和诚信。他只会恨自己原谅自己，一声叹息而已！他分豆给孩子们吃，教小伙计写字，欠酒钱“不出一月，定然还清”，这些都是人性光辉的闪动，抹不去的；只有社会对这样一个人的摧残与扭曲，会激起同样是善良人们的同情！

分茴香豆的细节请大家回味一下：可以想见，高大的孔乙己“一人一颗”分给孩子们吃了，孩子们还想吃，他弯下腰去说“不多了，我已经不多了”，这是诚恳地告诉孩子们的平常话，可是，一旦“直起身”他就拿腔拿调起来：“不多不多，多乎哉？不多也。”这显然是长衫作的怪，一直身就提醒他是读书人，立即迂腐地活学活用背起《论语》里的句子来，真是没治了！

他的长衫终于不得不脱下了，冷酷的丁举人打断了他的腿，高大的身躯矮了半截，只能坐着蒲包，用手撑着走路，内心有多么痛啊！可是，人们照样嘲笑他。长衫没了，喝完人生最后一碗想暖暖身的苦酒，他终于消失了。“没有他，别人也便这么过。”一个多余人终于永远地走了。

孔乙己大概死了一百年，各式各样的“孔乙己”还活在人类社会的各个角落。因而，孔乙己这个典型，不仅是中国的，也是世界的，是人类文化不朽的形象之一。

附：

孔乙己

鲁 迅

鲁镇的酒店的格局，是和别处不同的：都是当街一个曲尺形的大柜台，柜里面预备着热水，可以随时温酒。做工的人，傍午傍晚散了工，每每花四文铜钱，买一碗酒，这是二十多年前的事，现在每碗要涨到十文，靠柜外站着，热热的喝了休息；倘肯多花一文，便可以买一碟盐煮笋，或者茴香豆，做下酒物了，如果出到十几文，那就能买一样荤菜，但这些顾客，多是短衣帮，大抵没有这样阔绰。只有穿长衫的，才踱进店面隔壁的房子里，要酒要菜，慢慢地坐喝。

我从十二岁起，便在镇口的咸亨酒店里当伙计，掌柜说，我样子太傻，怕侍候不了长衫主顾，就在外面做点事罢。外面的短衣主顾，虽然容易说话，但唠唠叨叨缠夹不清的也很不少。他们往往要亲眼看着黄酒从坛子里舀出，看过壶子底里有水没有，又亲看将壶子放在热水里，然后放心：在这严重监督下，羼水也很为难。所以过了几天，掌柜又说我干不了这事。幸亏荐头的情面大，辞退不得，便改为专管温酒的一种无聊职务了。

我从此便整天的站在柜台里，专管我的职务。虽然没有什么失职，但总觉得有些单调，有些无聊。掌柜是一副凶脸孔，主顾也没有好声气，教人活泼不得；只有孔乙己到店，才可以笑几声，所以至今还记得。

孔乙己是站着喝酒而穿长衫的唯一的人。他身材很高大；青白脸色，皱纹间时常夹些伤痕；一部乱蓬蓬的花白的胡子。穿的虽然是长衫，可是又脏又破，似乎十多年没有补，也没有洗。他对人说话，总是满口之乎者也，叫人半懂不懂的。因为他姓孔，别人便从描红纸上的上大人孔乙己这半懂不懂的话里，替他取下一个绰号，叫作孔乙己。孔乙己一到店，所有喝酒的人便都看着他笑，有的叫道，“孔乙己，你脸上又添上新伤疤了！”他不回答，对柜里说，“温两碗酒，要一碟茴香豆。”便排出九文大钱。他们又故意的高声嚷道，“你一定又偷了人家的东西了！”孔乙己睁大眼睛说，“你怎么这样凭空污人清白……”“什么清白？我前天亲眼见你偷了何家的书，吊着打。孔乙己便涨红了脸，额上的青筋条条绽出，争辩道，“窃书不能算偷窃书！……读书人的事，能算偷么？”接连便是难懂的话，什么“君子固穷”，什么“者乎”之类，引得众人都哄笑起来：店内外充满了快活的空气。

听人家背地里谈论，孔乙己原来也读过书，但终于没有进学，又不会营生；于是愈过愈穷，弄到将要讨饭了。幸而写得一笔好字，便替人家钞钞书，换一碗饭吃。可惜他又有一样坏脾气，便是好喝懒做。坐不到几天，便连人和书籍纸张笔砚，一齐失踪。如是几次，叫他钞书的人也没有了。孔乙己没有法，便免不了偶然做些偷窃的事。但他在我们店里，品行却比别人都好，就是从不拖欠；虽然间或没有现钱，暂时记在粉板上，但不出一月，定然还清，从粉板上拭去了孔乙己的名字。

孔乙己喝过半碗酒，涨红的脸色渐渐复了原，旁人便又问道，“孔乙己，你当真认识字么？”孔乙己看着问他的人，显出不屑置辩的神气。他们便接着说道，“你怎的连半个秀才也捞不到呢？”孔乙己立刻显出颓唐不安模样，脸上笼上了一层灰色，嘴里说些话；这回可是全是之乎者也之类，一些不懂了。在这时候，众人也都哄笑起来：店内外充满了快活的空气。

在这些时候，我可以附和着笑，掌柜是决不责备的。而且掌柜见了孔乙己，也每每这样问他，引人发笑。孔乙己自己知道不能和他们谈天，便只好向孩子说话。有一回对我说道，“你读过书么？”我略略点一点头。他说，“读过书，……我便考你一考。茴香豆的茴字，怎样写的？”我想，讨饭一样的人，也配考我么？便回过脸去，不再理会。孔乙己等了许久，很恳切的说道，“不能写罢？我教给你，记着！这些字应该记着。将来做掌柜的时候，写账要用。”我暗想我和掌柜的等级还很远呢，而且我们掌柜也从不将茴香豆上账；又好笑，又不耐烦，懒懒的答他道，“谁要你教，不是草头底下一个来回的回字么？”孔乙己显出极高兴的样子，将两个指头的长指甲敲着柜台，点头说，“对呀对呀！……茴字有四样写法，你知道么？”我愈不耐烦了，努着嘴走远。孔乙己刚用指甲蘸了酒，想在柜上写字，见我毫不热心，便又叹一口气，显出极惋惜的样子。

有几回，邻居孩子听得笑声，也赶热闹，围住了孔乙己。他便给他们茴香豆吃，一人一颗。孩子吃完豆，仍然不散，眼睛都望着碟子。孔乙己着了慌，伸开五指将碟子罩住，弯腰下去说道，“不多了，我已经不多了。”直起身又看一看豆，自己摇头说，“不多不多！多乎哉？不多也。”于是这一群孩子都在笑声里走散了。

孔乙己是这样的使人快活，可是没有他，别人也便这么过。

有一天，大约是中秋前的两三天，掌柜正在慢慢的结账，取下粉板，忽然说，“孔乙己长久没有来了。还欠十九个钱呢！”我才也觉得他的确长久没有来了。一个喝酒的人说道，“他怎么会来？他打折了腿了。”掌柜说，“哦！”“他总仍旧是偷。这一回，是自己发昏，竟偷到丁举人家里去了。他家的东西，偷得的么？”“后来怎么样？”“怎么样？先写服辩，后来是打，打了大半夜，再打折了腿。”“后来呢？”“后来打折了腿了。”“打折了怎样呢？”“怎样？……谁晓得？许是死了。”掌柜也不再问，仍然慢慢的算他的账。

中秋过后，秋风是一天凉比一天，看看将近初冬；我整天的靠着火，也须穿上棉袄了。一天的下半天，没有一个顾客，我正合了眼坐着。忽然间听得一个声音，“温一碗酒。”这声音虽然极低，却很耳熟。看时又全没有人。站起来向外一望，那孔乙己便在柜台下对了门槛坐着。他脸上黑而且瘦，已经不成样子；穿一件破夹袄，盘着两腿，下面垫一个蒲包，用草绳在肩上挂住；见了我，又说道，“温一碗酒。”掌柜也伸出头去，一面说，“孔乙己么？你还欠十九个钱呢！”孔乙己很颓唐的仰面答道，“这……下回还清罢。这一回是现钱，酒要好。”掌柜仍然同平常一样，笑着对他说，“孔乙己，你又偷了东西了！”但他这回却不十分分辩，单说了一句“不要取笑！”“取笑？要是不偷，怎么会打断腿？”孔乙己低声说道，“跌断，跌，跌……”他的眼色，很像恳求掌柜，不要再提。此时已经聚集了几个人，便和掌柜都笑了。我温了酒，端出去，放在门槛上。他从破衣袋里摸出四文大钱，放在我手里，见他满手是泥，原来他便用这手走来的。不一会，他喝完酒，便又在旁人的说笑声中，坐着用这手慢慢走去了。

自此以后，又长久没有看见孔乙己。到了年关，掌柜取下粉板说，“孔乙己还欠十九个钱呢！”到第二年的端午，又说“孔乙己还欠十九个钱呢！”到中秋可是没有说，再到年关也没有看见他。

我到现在终于没有见——大约孔乙己的确死了。

画眼艺术

鲁迅先生在谈人物描写时，深有体会地说过“要极省检的画出一个人的特点，最好是画他的眼睛”；如果去画全副头发，“即使细得逼真，也毫无意思”。鲁迅先生就是一位画眼睛的高手。上篇说到的孔乙己就有过“极省检”的描写：在人们故意地高声嚷道，“你一定又偷了人家的东西了”时，孔乙己决不会怒目圆睁的，也不会闭上眼睛痛苦一阵，更不会眨眨眼睛含糊过去。鲁迅先生用了“睁大眼睛”来表现他的辩解：“你怎么这样污人清白……”这睁大眼睛是维护自己人格的反抗，又是无可否认的一时语塞的反应；尽管眼睛是睁大了，然而，眼光是无力的和尴尬的，隐隐透露出无可奈何的悲哀。意大利文艺复兴时的大画家达·芬奇说过，“眼睛叫做心灵的窗子”，他画人物是十分注重画眼睛的，著名的油画《蒙娜丽莎》那永远叫人猜不透的微笑里，最传神的是她的眼睛。艺术是相通的，鲁迅先生的主张和实践在这里得到了所见略同的印证。

如果说蒙娜丽莎的眼睛，是达·芬奇笔下画眼睛的极品，那么《祝福》中祥林嫂的眼睛就是鲁迅先生笔下画眼睛的极品了。读过《祝福》的人，谁能忘记祥林嫂那双令人慨叹、同情和悲愤的眼睛呢!《祝福》中四次描写祥林嫂的眼睛，那是一双悲惨命运演变的眼睛。

祥林嫂初到鲁四老爷家做工的时候，“头上扎着白头绳，乌裙，蓝夹袄，月白背心，年纪大约二十六七，脸色青黄，但两颊却还是红的。模样还周正，手脚都壮大。”这是一个不幸的寡妇形象，身心虽然受到过一定的损伤，但还是有活力的。这时候，她“顺着眼”就表现出她顺从的一面，并且具有安分耐劳的特点了。鲁家雇用了她，使她看到了活下去的希望，做事比男人还勤快，祝福时的祭祀是她最忙的时候，然而这样忙她反而很满足，“口角边渐渐有了笑影”，顺着的眼里也可以想见渐渐有光泽了。当她不幸第二次又成为寡妇，再次来到鲁家时已经迟钝了，这回不仅待她好的丈夫死了，而且听话的儿子又被狼吃了，还被狠心的大伯赶出屋，逼得她无家可归，走投无路了，只好来求老主人收留。这次到鲁家，她已是个精神上受到了极大打击、有了满腔的痛苦和悲哀的寡妇。因而，鲁迅先生描写她不但“顺着眼”，而且还要加上“眼角上带些泪痕，眼光也没有先前那样精神了”。

初到鲁家，鲁四老爷看她是个寡妇，就讨厌地“皱了皱眉”，这次来到鲁家，鲁四老爷不仅又“皱过眉”，并且她被认为是“败坏风俗”的女人，受到种种的歧视。祝福时的祭祀，曾经是她最忙的时候，现在却不许她沾边了。她成了既无事可做，又没人理睬的人，只能坐在灶下烧火了。她不知道自己怎样活下去，只有从往事的回忆中去寻求寄托，于是，表现为“直着眼睛”反复地向人诉说儿子阿毛的故事，直到人家听厌了，怕烦了，终于大家都避开她，再也找不到可以诉说的对象了。她那双直着的眼睛，不解，迷茫，麻木，多么可怜啊，偌大的人间，她竟寻求不到一丝慰藉！

终于，难得来了个愿跟她说话的柳妈，似乎是很同情她，既为她惋惜，又帮她出主意；既在她面前描绘了一幅地狱里将她锯开分给两个死鬼丈夫的恐怖，又帮她指出了一条可以赎罪的解脱的路。于是，她花去了所有的工钱积蓄，到土地庙求庙祝让她捐了条门槛，给千人踏，万人跨。回来“眼光也分外有神”，高兴地对鲁四太太说，“自己已经在土地庙捐了门槛了”。然而，当她自以为赎了一世的罪名，可以不再被歧视，可以坦然地活下去的时候，迎来的却是致命的打击！冬至的祭祖时节，她做得更出力，还坦然地去拿供祭的酒杯和筷子，不料竟被喝住了！“她像是受了炮烙似的缩手，脸色同时变作灰黑”，眼睛也“失神”了。她对现实世界完全绝望了，对阴曹地府充满恐惧了，精神很快就垮了。没有了生活勇气的祥林嫂，第二天眼睛就立即“窈陷下去”，开始枯竭了，很胆怯，整日呆呆的，“记性尤其坏，甚而至于常常忘了淘米”。做什么事都不行了，鲁家就很自然地“打发她走了”。

祥林嫂被赶出鲁家几年后，终于成了一个乞丐，不过四十岁的人，头发已经全白，“脸上瘦削不堪，黄中带黑，而且消尽了先前悲哀的神色，仿佛是木刻似的”，眼睛完全失神了，眼珠只不过是一个会转动的东西而已！鲁迅先生描写她“那眼珠间或一轮，还可以表示她是个活物”。在又一次鲁镇人们准备祝福的时候她终于死了。临死前，还用这样的眼睛盯着问“一个人死了之后，究竟有没有魂灵”。鲁迅先生就这样高超地画完了祥林嫂一生受欺压、受摧残和受折磨的眼睛！

附：

祝　福

鲁　迅

旧历的年底毕竟最像年底，村镇上不必说，就在天空中也显出将到新年的气象来。灰白色的沉重的晚云中间时时发出闪光，接着一声钝响，是送灶的爆竹；近处燃放的可就更强烈了，震耳的大音还没有息，空气里已经散满了幽微的火药香。我是正在这一夜回到我的故乡鲁镇的。虽说故乡，然而已没有家，所以只得暂寓在鲁四老爷的宅子里。他是我的本家，比我长一辈，应该称之曰“四叔”，是一个讲理学的老监生。他比先前并没有什么大改变，单是老了些，但也还未留胡子，一见面是寒暄，寒暄之后说我“胖了”，说我“胖了”之后即大骂其新党。但我知道，这并非借题在骂我：因为他所骂的还是康有为。但是，谈话是总不投机的了，于是不多久，我便一个人剩在书房里。

第二天我起得很迟，午饭之后，出去看了几个本家和朋友；第三天也照样。他们也都没有什么大改变，单是老了些；家中却一律忙，都在准备着“祝福”。这是鲁镇年终的大典，致敬尽礼，迎接福神，拜求来年一年中的好运气的。杀鸡，宰鹅，买猪肉，用心细细的洗，女人的臂膊都在水里浸得通红，有的还带着绞丝银镯子。煮熟之后，横七竖八的插些筷子在这类东西上，可就称为“福礼”了，五更天陈列起来，并且点上香烛，恭请福神们来享用，拜的却只限于男人，拜完自然仍然是放爆竹。年年如此，家家如此，——只要买得起福礼和爆竹之类的——今年自然也如此。天色愈阴暗了，下午竟下起雪来，雪花大的有梅花那么大，满天飞舞，夹着烟霭和忙碌的气色，将鲁镇乱成一团糟。我回到四叔的书房里时，瓦楞上已经雪白，房里也映得较光明，极分明的显出壁上挂着的朱拓的大“寿”字，陈抟老祖写的，一边的对联已经脱落，松松的卷了放在长桌上，一边的还在，道是“事理通达心气和平”。我又无聊赖的到窗下的案头去一翻，只见一堆似乎未必完全的《康熙字典》，一部《近思录集注》和一部《四书衬》。无论如何，我明天决计要走了。

况且，一想到昨天遇见祥林嫂的事，也就使我不能安住。那是下午，我到镇的东头访过一个朋友，走出来，就在河边遇见她；而且见她瞪着的眼睛的视线，就知道明明是向我走来的。我这回在鲁镇所见的人们中，改变之大，可以说无过于她的了：五年前的花白的头发，即今已经全白，全不像四十上下的人；脸上瘦削不堪，黄中带黑，而且消尽了先前悲哀的神色，仿佛是木刻似的；只有那眼珠间或一轮，还可以表示她是一个活物。她一手提着竹篮。内中一个破碗，空的；一手拄着一支比她更长的竹竿，下端开了裂：她分明已经纯乎是一个乞丐了。

我就站住，豫备她来讨钱。

“你回来了？”她先这样问。

“是的。”

“这正好。你是识字的，又是出门人，见识得多。我正要问你一件事——”她那没有精采的眼睛忽然发光了。

我万料不到她却说出这样的话来，诧异的站着。

“就是——”她走近两步，放低了声音，极秘密似的切切的说，“一个人死了之后，究竟有没有魂灵的？”

我很悚然，一见她的眼盯着我的，背上也就遭了芒刺一般，比在学校里遇到不及豫防的临时考，教师又偏是站在身旁的时候，惶急得多了。对于魂灵的有无，我自己是向来毫不介意的；但在此刻，怎样回答她好呢？我在极短期的踌躇中，想，这里的人照例相信鬼，然而她，却疑惑了，——或者不如说希望：希望其有，又希望其无……，人何必增添末路的人的苦恼，一为她起见，不如说有罢。

“也许有罢，——我想。”我于是吞吞吐吐的说。

“那么，也就有地狱了？”

“啊！地狱？”我很吃惊，只得支吾者，“地狱？——论理，就该也有。——然而也未必，……谁来管这等事……。”

“那么，死掉的一家的人，都能见面的？”

“唉唉，见面不见面呢？……”这时我已知道自己也还是完全一个愚人，什么踌躇，什么计画，都挡不住三句问，我即刻胆怯起来了，便想全翻过先前的话来，“那是，……实在，我说不清……。其实，究竟有没有魂灵，我也说不清。”

我乘她不再紧接的问，迈开步便走，匆匆的逃回四叔的家中，心里很觉得不安逸。自己想，我这答话怕于她有些危险。她大约因为在别人的祝福时候，感到自身的寂寞了，然而会不会含有别的什么意思的呢？——或者是有了什么豫感了？倘有别的意思，又因此发生别的事，则我的答话委实该负若干的责任……。但随后也就自笑，觉得偶尔的事，本没有什么深意义，而我偏要细细推敲，正无怪教育家要说是生着神经病；而况明明说过“说不清”，已经推翻了答话的全局，即使发生什么事，于我也毫无关系了。

“说不清”是一句极有用的话。不更事的勇敢的少年，往往敢于给人解决疑问，选定医生，万一结果不佳，大抵反成了怨府，然而一用这说不清来作结束，便事事逍遥自在了。我在这时，更感到这一句话的必要，即使和讨饭的女人说话，也是万不可省的。

但是我总觉得不安，过了一夜，也仍然时时记忆起来，仿佛怀着什么不祥的豫感，在阴沉的雪天里，在无聊的书房里，这不安愈加强烈了。不如走罢，明天进城去。福兴楼的清炖鱼翅，一元一大盘，价廉物美，现在不知增价了否？往日同游的朋友，虽然已经云散，然而鱼翅是不可不吃的，即使只有我一个……。无论如何，我明天决计要走了。

我因为常见些但愿不如所料，以为未毕竟如所料的事，却每每恰如所料的起来，所以很恐怕这事也一律。果然，特别的情形开始了。傍晚，我竟听到有些人聚在内室里谈话，仿佛议论什么事似的，但不一会，说话声也就止了，只有四叔且走而且高声的说：

“不早不迟，偏偏要在这时候——这就可见是一个谬种！”

我先是诧异，接着是很不安，似乎这话于我有关系。试望门外，谁也没有。好容易待到晚饭前他们的短工来冲茶，我才得了打听消息的机会。

“刚才，四老爷和谁生气呢？”我问。

“还不是和祥林嫂？”那短工简捷的说。

“祥林嫂？怎么了？”我又赶紧的问。

“死了。”

“死了？”我的心突然紧缩，几乎跳起来，脸上大约也变了色，但他始终没有抬头，所以全不觉。我也就镇定了自己，接着问：

“什么时候死的？”

“什么时候？——昨天夜里，或者就是今天罢。——我说不清。”

“怎么死的？”

“怎么死的？——还不是穷死的？”他淡然的回答，仍然没有抬头向我看，出去了。

然而我的惊惶却不过暂时的事，随着就觉得要来的事，已经过去，并不必仰仗我自己的“说不清”和他之所谓“穷死的”的宽慰，心地已经渐渐轻松；不过偶然之间，还似乎有些负疚。晚饭摆出来了，四叔俨然的陪着。我也还想打听些关于祥林嫂的消息，但知道他虽然读过“鬼神者二气之良能也”，而忌讳仍然极多，当临近祝福时候，是万不可提起死亡疾病之类的话的，倘不得已，就该用一种替代的隐语，可惜我又不知道，因此屡次想问，而终于中止了。我从他俨然的脸色上，又忽而疑他正以为我不早不迟，偏要在这时候来打搅他，也是一个谬种，便立刻告诉他明天要离开鲁镇，进城去，趁早放宽了他的心。他也不很留。这样闷闷的吃完了一餐饭。

冬季日短，又是雪天，夜色早已笼罩了全市镇。人们都在灯下匆忙，但窗外很寂静。雪花落在积得厚厚的雪褥上面，听去似乎瑟瑟有声，使人更加感到沉寂。我独坐在发出黄光的菜油灯下，想，这百无聊赖的祥林嫂，被人们弃在尘芥堆中的，看得厌倦了的陈旧的玩物，先前还将形骸露在尘芥里，从活得有趣的人们看来，恐怕要怪讶她何以还要存在，现在总算被无常打扫得干干净净了。魂灵的有无，我不知道；然而在现世，则无聊生者不生，即使厌见者不见，为人为己，也还都不错。我静听着窗外似乎瑟瑟作响的雪花声，一面想，反而渐渐的舒畅起来。

然而先前所见所闻的她的半生事迹的断片，至此也联成一片了。

她不是鲁镇人。有一年的冬初，四叔家里要换女工，做中人的卫老婆子带她进来了，头上扎着白头绳，乌裙，蓝夹袄，月白背心，年纪大约二十六七，脸色青黄，但两颊却还是红的。卫老婆子叫她祥林嫂，说是自己母家的邻舍，死了当家人，所以出来做工了。四叔皱了皱眉，四婶已经知道了他的意思，是在讨厌她是一个寡妇。但是她模样还周正，手脚都壮大，又只是顺着眼，不开一句口，很像一个安分耐劳的人，便不管四叔的皱眉，将她留下了。试工期内，她整天的做，似乎闲着就无聊，又有力，简直抵得过一个男子，所以第三天就定局，每月工钱五百文。

大家都叫她祥林嫂；没问她姓什么，但中人是卫家山人，既说是邻居，那大概也就姓卫了。她不很爱说话，别人问了才回答，答的也不多。直到十几天之后，这才陆续的知道她家里还有严厉的婆婆，一个小叔子，十多岁，能打柴了；她是春天没了丈夫的；他本来也打柴为生，比她小十岁：大家所知道的就只是这一点。

日子很快的过去了，她的做工却丝毫没有懈，食物不论，力气是不惜的。人们都说鲁四老爷家里雇着了女工，实在比勤快的男人还勤快。到年底，扫尘，洗地，杀鸡，宰鹅，彻夜的煮福礼，全是一人担当，竟没有添短工。然而她反满足，口角边渐渐的有了笑影，脸上也白胖了。

新年才过，她从河边淘米回来时，忽而失了色，说刚才远远地看见几个男人在对岸徘徊，很像夫家的堂伯，恐怕是正在寻她而来的。四婶很惊疑，打听底细，她又不说。四叔一知道，就皱一皱眉，道：

“这不好。恐怕她是逃出来的。”

她诚然是逃出来的，不多久，这推想就证实了。

此后大约十几天，大家正已渐渐忘却了先前的事，卫老婆子忽而带了一个三十多岁的女人进来了，说那是祥林嫂的婆婆。那女人虽是山里人模样，然而应酬很从容，说话也能干，寒暄之后，就赔罪，说她特来叫她的儿媳回家去，因为开春事务忙，而家中只有老的和小的，人手不够了。

“既是她的婆婆要她回去，那有什么话可说呢。”四叔说。

于是算清了工钱，一共一千七百五十文，她全存在主人家，一文也还没有用，便都交给她的婆婆。那女人又取了衣服，道过谢，出去了。其时已经是正午。

“阿呀，米呢？祥林嫂不是去淘米的么？……”好一会，四婶这才惊叫起来。她大约有些饿，记得午饭了。

于是大家分头寻淘箩。她先到厨下，次到堂前，后到卧房，全不见淘箩的影子。四叔踱出门外，也不见，一直到河边，才见平平正正的放在岸上，旁边还有一株菜。

看见的人报告说，河里面上午就泊了一只白篷船，篷是全盖起来的，不知道什么人在里面，但事前也没有人去理会他。待到祥林嫂出来淘米，刚刚要跪下去，那船里便突然跳出两个男人来，像是山里人，一个抱住她，一个帮着，拖进船去了。祥林嫂还哭喊了几声，此后便再没有什么声息，大约给用什么堵住了罢。接着就走上两个女人来，一个不认识，一个就是卫婆子。窥探舱里，不很分明，她像是捆了躺在船板上。

“可恶！然而……。”四叔说。

这一天是四婶自己煮中饭；他们的儿子阿牛烧火。

午饭之后，卫老婆子又来了。

“可恶！”四叔说。

“你是什么意思？亏你还会再来见我们。”四婶洗着碗，一见面就愤愤的说，“你自己荐她来，又合伙劫她去，闹得沸反盈天的，大家看了成个什么样子？你拿我们家里开玩笑么？”

“阿呀阿呀，我真上当。我这回，就是为此特地来说说清楚的。她来求我荐地方，我那里料得到是瞒着她的婆婆的呢。对不起，四老爷，四太太。总是我老发昏不小心，对不起主顾。幸而府上是向来宽洪大量，不肯和小人计较的。这回我一定荐一个好的来折罪……。”

“然而……。”四叔说。

于是祥林嫂事件便告终结，不久也就忘却了。

只有四嫂，因为后来雇用的女工，大抵非懒即馋，或者馋而且懒，左右不如意，所以也还提起祥林嫂。每当这些时候，她往往自言自语的说，“她现在不知道怎么样了？”意思是希望她再来。但到第二年的新正，她也就绝了望。

新正将尽，卫老婆子来拜年了，已经喝得醉醺醺的，自说因为回了一趟卫家山的娘家，住下几天，所以来得迟了。她们问答之间，自然就谈到祥林嫂。

“她么？”卫老婆子高兴的说，“现在是交了好运了。她婆婆来抓她回去的时候，是早已许给了贺家坳的贺老六的，所以回家之后不几天，也就装在花轿里抬去了。”

“阿呀，这样的婆婆！……”四婶惊奇的说。

“阿呀，我的太太！你真是大户人家的太太的话。我们山里人，小户人家，这算得什么？她有小叔子，也得娶老婆。不嫁了她，那有这一注钱来做聘礼？他的婆婆倒是精明强干的女人呵，很有打算，所以就将她嫁到山里去。倘许给本村人，财礼就不多；唯独肯嫁进深山野坳里去的女人少，所以她就到手了八十千。现在第二个儿子的媳妇也娶进了，财礼花了五十，除去办喜事的费用，还剩十多千。吓，你看，这多么好打算？……”

“祥林嫂竟肯依？……”

“这有什么依不依。——闹是谁也总要闹一闹的，只要用绳子一捆，塞在花轿里，抬到男家，捺上花冠，拜堂，关上房门，就完事了。可是祥林嫂真出格，听说那时实在闹得利害，大家还都说大约因为在念书人家做过事，所以与众不同呢。太太，我们见得多了：回头人出嫁，哭喊的也有，说要寻死觅活的也有，抬到男家闹得拜不成天地的也有，连花烛都砸了的也有。祥林嫂可是异乎寻常，他们说她一路只是嚎，骂，抬到贺家坳，喉咙已经全哑了。拉出轿来，两个男人和她的小叔子使劲的捺住她也还拜不成天地。他们一不小心，一松手，阿呀，阿弥陀佛，她就一头撞在香案角上，头上碰了一个大窟窿，鲜血直流，用了两把香灰，包上两块红布还止不住血呢。直到七手八脚的将她和男人反关在新房里，还是骂，阿呀呀，这真是……。”她摇一摇头，顺下眼睛，不说了。

“后来怎么样呢？”四婶还问。

“听说第二天也没有起来。”她抬起眼来说。

“后来呢？”

“后来？——起来了。她到年底就生了一个孩子，男的，新年就两岁了。我在娘家这几天，就有人到贺家坳去，回来说看见他们娘儿俩，母亲也胖，儿子也胖；上头又没有婆婆，男人所有的是力气，会做活；房子是自家的。——唉唉，她真是交了好运了。”

从此之后，四婶也就不再提起祥林嫂。

但有一年的秋季，大约是得到祥林嫂好运的消息之后的又过了两个新年，她竟又站在四叔家的堂前了。桌上放着一个荸荠式的圆篮，檐下一个小铺盖。她仍然头上扎着白头绳，乌裙，蓝夹袄，月白背心，脸色青黄，只是两颊上已经消失了血色，顺着眼，眼角上带些泪痕，眼光也没有先前那样精神了。而且仍然是卫老婆子领着，显出慈悲模样，絮絮的对四婶说：

“……这实在是叫作‘天有不测风云’，她的男人是坚实人，谁知道年纪轻轻，就会断送在伤寒上？本来已经好了的，吃了一碗冷饭，复发了。幸亏有儿子；她又能做，打柴摘茶养蚕都来得，本来还可以守着，谁知道那孩子又会给狼衔去的呢？春天快完了，村上倒反来了狼，谁料到？现在她只剩了一个光身了。大伯来收屋，又赶她。她真是走投无路了，只好来求老主人。好在她现在已经再没有什么牵挂，太太家里又凑巧要换人，所以我就领她来。——我想，熟门熟路，比生手实在好得多……。”

“我真傻，真的，”祥林嫂抬起她没有神采的眼睛来，接着说。“我单知道下雪的时候野兽在山坳里没有食吃，会到村里来；我不知道春天也会有。我一清早起来就开了门，拿小篮盛了一篮豆，叫我们的阿毛坐在门槛上剥豆去。他是很听话的，我的话句句听；他出去了。我就在屋后劈柴，淘米，米下了锅，要蒸豆。我叫阿毛，没有应，出去一看，只见豆撒得一地，没有我们的阿毛了。他是不到别家去玩的；各处去一问，果然没有。我急了，央人出去寻。直到下半天，寻来寻去寻到山坳里，看见刺柴上挂着一只他的小鞋。大家都说，糟了，怕是遭了狼了。再进去；他果然躺在草窠里，肚里的五脏已经都给吃空了，手上还紧紧的捏着那只小篮呢。……”她接着但是呜咽，说不出成句的话来。

四婶起刻还踌躇，待到听完她自己的话，眼圈就有些红了。她想了一想，便教拿圆篮和铺盖到下房去。卫老婆子仿佛卸了一肩重担似的嘘一口气，祥林嫂比初来时候神气舒畅些，不待指引，自己驯熟的安放了铺盖。她从此又在鲁镇做女工了。

大家仍然叫她祥林嫂。

然而这一回，她的境遇却改变得非常大。上工之后的两三天，主人们就觉得她手脚已没有先前一样灵活，记性也坏得多，死尸似的脸上又整日没有笑影，四婶的口气上，已颇有些不满了。当她初到的时候，四叔虽然照例皱过眉，但鉴于向来雇用女工之难，也就并不大反对，只是暗暗地告诫四婶说，这种人虽然似乎很可怜，但是败坏风俗的，用她帮忙还可以，祭祀时候可用不着她沾手，一切饭菜，只好自己做，否则，不干不净，祖宗是不吃的。

四叔家里最重大的事件是祭祀，祥林嫂先前最忙的时候也就是祭祀，这回她却清闲了。桌子放在堂中央，系上桌帏，她还记得照旧的去分配酒杯和筷子。

“祥林嫂，你放着罢！我来摆。”四婶慌忙的说。

她讪讪的缩了手，又去取烛台。

“祥林嫂，你放着罢！我来拿。”四婶又慌忙的说。

她转了几个圆圈，终于没有事情做，只得疑惑的走开。她在这一天可做的事是不过坐在灶下烧火。

镇上的人们也仍然叫她祥林嫂，但音调和先前很不同；也还和她讲话，但笑容却冷冷的了。她全不理会那些事，只是直着眼睛，和大家讲她自己日夜不忘的故事：

“我真傻，真的，”她说，“我单知道雪天是野兽在深山里没有食吃，会到村里来；我不知道春天也会有。我一大早起来就开了门，拿小篮盛了一篮豆，叫我们的阿毛坐在门槛上剥豆去。他是很听话的孩子，我的话句句听；他就出去了。我就在屋后劈柴，淘米，米下了锅，打算蒸豆。我叫，‘阿毛！’没有应。出去一看，只见豆撒得满地，没有我们的阿毛了。各处去一问，都没有。我急了，央人去寻去。直到下半天，几个人寻到山坳里，看见刺柴上挂着一只他的小鞋。大家都说，完了，怕是遭了狼了；再进去；果然，他躺在草窠里，肚里的五脏已经都给吃空了，可怜他手里还紧紧的捏着那只小篮呢。……”她于是淌下眼泪来，声音也呜咽了。

这故事倒颇有效，男人听到这里，往往敛起笑容，没趣的走了开去；女人们却不独宽恕了她似的，脸上立刻改换了鄙薄的神气，还要陪出许多眼泪来。有些老女人没有在街头听到她的话，便特意寻来，要听她这一段悲惨的故事。直到她说到呜咽，她们也就一齐流下那停在眼角上的眼泪，叹息一番，满足的去了，一面还纷纷的评论着。

她就只是反复的向人说她悲惨的故事，常常引住了三五个人来听她。但不久，大家也都听得纯熟了，便是最慈悲的念佛的老太太们，眼里也再不见有一点泪的痕迹。后来全镇的人们几乎都能背诵她的话，一听到就烦厌得头痛。

“我真傻，真的，”她开首说。

“是的，你是单知道雪天野兽在深山里没有食吃，才会到村里来的。”他们立即打断她的话，走开去了。

她张着口怔怔的站着，直着眼睛看他们，接着也就走了，似乎自己也觉得没趣。但她还妄想，希图从别的事，如小篮，豆，别人的孩子上，引出她的阿毛的故事来。倘一看见两三岁的小孩子，她就说：

“唉唉，我们的阿毛如果还在，也就有这么大了。……”

孩子看见她的眼光就吃惊，牵着母亲的衣襟催她走。于是又只剩下她一个，终于没趣的也走了，后来大家又都知道了她的脾气，只要有孩子在眼前，便似笑非笑的先问她，道：

“祥林嫂，你们的阿毛如果还在，不是也就有这么大了么？”

她未必知道她的悲哀经大家咀嚼赏鉴了许多天，早已成为渣滓，只值得烦厌和唾弃；但从人们的笑影上，也仿佛觉得这又冷又尖，自己再没有开口的必要了。她单是一瞥他们，并不回答一句话。

鲁镇永远是过新年，腊月二十以后就火起来了。四叔家里这回须雇男短工，还是忙不过来，另叫柳妈做帮手，杀鸡，宰鹅；然而柳妈是善女人，吃素，不杀生的，只肯洗器皿。祥林嫂除烧火之外，没有别的事，却闲着了，坐着只看柳妈洗器皿。微雪点点的下来了。

“唉唉，我真傻，”祥林嫂看了天空，叹息着，独语似的说。

“祥林嫂，你又来了。”柳妈不耐烦的看着她的脸，说。“我问你：你额角上的伤痕，不就是那时撞坏的么？”

“唔唔。”她含胡的回答。

“我问你：你那时怎么后来竟依了呢？”

“我么？……”

“你呀。我想：这总是你自己愿意了，不然……。”

“阿阿，你不知道他力气多么大呀。”

“我不信。我不信你这么大的力气，真会拗他不过。你后来一定是自己肯了，倒推说他力气大。”

“阿阿，你……你倒自己试试看。”她笑了。

柳妈的打皱的脸也笑起来，使她蹙缩得像一个核桃，干枯的小眼睛一看祥林嫂的额角，又钉住她的眼。祥林嫂似很局促了，立刻敛了笑容，旋转眼光，自去看雪花。

“祥林嫂，你实在不合算。”柳妈诡秘的说。“再一强，或者索性撞一个死，就好了。现在呢，你和你的第二个男人过活不到两年，倒落了一件大罪名。你想，你将来到阴司去，那两个死鬼的男人还要争，你给了谁好呢？阎罗大王只好把你锯开来，分给他们。我想，这真是……”

她脸上就显出恐怖的神色来，这是在山村里所未曾知道的。

“我想，你不如及早抵当。你到土地庙里去捐一条门槛，当作你的替身，给千人踏，万人跨，赎了这一世的罪名，免得死了去受苦。”

她当时并不回答什么话，但大约非常苦闷了，第二天早上起来的时候，两眼上便都围着大黑圈。早饭之后，她便到镇的西头的土地庙里去求捐门槛，庙祝起初执意不允许，直到她急得流泪，才勉强答应了。价目是大钱十二千。

她久已不和人们交口，因为阿毛的故事是早被大家厌弃了的；但自从和柳妈谈了天，似乎又即传扬开去，许多人都发生了新趣味，又来逗她说话了。至于题目，那自然是换了一个新样，专在她额上的伤疤。

“祥林嫂，我问你：你那时怎么竟肯了？”一个说。

“唉，可惜，白撞了这一下。”一个看着她的疤，应和道。

她大约从他们的笑容和声调上，也知道是在嘲笑她，所以总是瞪着眼睛，不说一句话，后来连头也不回了。她整日紧闭了嘴唇，头上带着大家以为耻辱的记号的那伤痕，默默的跑街，扫地，洗菜，淘米。快够一年，她才从四婶手里支取了历来积存的工钱，换算了十二元鹰洋，请假到镇的西头去。但不到一顿饭时候，她便回来，神气很舒畅，眼光也分外有神，高兴似的对四婶说，自己已经在土地庙捐了门槛了。

冬至的祭祖时节，她做得更出力，看四婶装好祭品，和阿牛将桌子抬到堂屋中央，她便坦然的去拿酒杯和筷子。

“你放着罢，祥林嫂！”四婶慌忙大声说。

她像是受了炮烙似的缩手，脸色同时变作灰黑，也不再去取烛台，只是失神的站着。直到四叔上香的时候，教她走开，她才走开。这一回她的变化非常大，第二天，不但眼睛窈陷下去，连精神也更不济了。而且很胆怯，不独怕暗夜，怕黑影，即使看见人，虽是自己的主人，也总惴惴的，有如在白天出穴游行的小鼠，否则呆坐着，直是一个木偶人。不半年，头发也花白起来了，记性尤其坏，甚而至于常常忘却了去淘米。

“祥林嫂怎么这样了？倒不如那时不留她。”四婶有时当面就这样说，似乎是警告她。

然而她总如此，全不见有伶俐起来的希望。他们于是想打发她走了，教她回到卫老婆子那里去。但当我还在鲁镇的时候，不过单是这样说；看现在的情状，可见后来终于实行了。然而她是从四叔家出去就成了乞丐的呢，还是先到卫老婆子家然后再成乞丐的呢？那我可不知道。

我给那些因为在近旁而极响的爆竹声惊醒，看见豆一般大的黄色的灯火光，接着又听得毕毕剥剥的鞭炮，是四叔家正在“祝福”了；知道已是五更将近时候。我在蒙胧中，又隐约听到远处的爆竹声联绵不断，似乎合成一天音响的浓云，夹着团团飞舞的雪花，拥抱了全市镇。我在这繁响的拥抱中，也懒散而且舒适，从白天以至初夜的疑虑，全给祝福的空气一扫而空了，只觉得天地圣众歆享了牲醴和香烟，都醉醺醺的在空中蹒跚，豫备给鲁镇的人们以无限的幸福。

一九二四年二月七日

读朱自清

深刻一瞥

朱自清先生，字佩弦，是位诗人。但他的诗，读过的人不多，流传的更少。中学生可能只是在《五月卅一日急雨中》读到“佩弦的诗道，‘笑将不复在我们唇上’”。这是1925年，叶圣陶先生给我们传递的信息：朱先生是一位爱国的、有激情的诗人。是的，朱先生是位性情中人，他爱国、爱家、爱学生，具有纯朴、敦厚、热忱的天性，他的诗由此可见一斑了。而当他将一腔诗情诗意倾注于散文之中，就更熠熠生辉了。郁达夫在《现代散文导论》中称道：“朱自清虽则是一个诗人，可是，他的散文仍能够贮满着那一种诗意。文学研究会的散文作者中，除冰心外，文章之美，要算他了。”这是中肯的评价。

朱自清散文之美，历来不少读者都赞他辞藻华丽，画《春》、描《绿》、写《荷塘月色》，简直像一位高超的工笔画师，描绘得五彩缤纷，金碧辉煌……吟咏之间，不觉人在画图中矣！其实，不仅如此，朱先生的散文也美如其名，自清，写自己，写得一清如水，所以才长得出美丽的芙蓉了。

《背影》也是朱先生散文中，动人耀眼的一株芙蓉！它的父子深情，不知多少次地打动过读者。曾有人说这篇文章现在仍选为课文，太陈旧了，那个时代的父子深情，现在的青少年难于理解，并且举例说有学生认为，文中父亲爬月台买橘子违反了铁路交通规则。这显然是个别学生凭眼下的常识去理解上世纪20年代的铁路交通，钻了牛角尖，感情游离了文章情景的结果。不管哪个时代的父子情深都是相通的，此例是特殊的极个别情况，教师说明引导就行了，并不会影响学生在真、善、美的感染中回到文章的情景中来。

父亲买橘子那一幕，正是《背影》的中心内容：那时候，父亲送“我”上火车，在失业谋事的百忙中，陪“我”过了江，进了车站，帮我跟脚夫讲价钱，还给我拣定了座位，嘱“我”路上小心，又嘱托茶房好好照应“我”。该为儿子做的事情都做完了。儿子也说了“爸爸，你走吧”，可是，父亲尽量想把儿子照顾得更仔细、更妥帖些，于是，发现“那边月台的栅栏外”有卖橘子的，便说“我买几个橘子去”，这是多么无微不至的父爱啊！再不懂事的儿子，这时也决不会无动于衷的。“我”当然要自己去，但父亲只想为儿子尽心尽力，当然不答应。“我”在“只好让他去”的无奈中，深深体味父爱，已经触动了内心深处那柔软的地方，改变了对父亲又“烦”又“迂”的看法。

文中写道：

“走到那边月台，须穿过铁道，须跳下去又爬上去。父亲是一个胖子，走过去自然要费事些。”

“他戴着黑布小帽，穿着黑布大马褂，深青布棉袍，蹒跚地走到铁道边，慢慢探身下去，尚不大难。可是他穿过铁道，要爬上那边月台，就不容易了。”

作为正油然而生爱父、怜父、惜父情的儿子，“我”用极其细致的眼，极温暖的心，注视着父亲的一切，整个视野里，整个空间里，只有父亲的身影。

此时，天地间，似乎只有父子情在涌动，特别是儿子专注的眼神，像是最强的聚光，在长镜头下，捕捉着、记录着父亲的一举一动。

“他用两手攀着上面，两脚再向上缩；他肥胖的身子向左微倾，显出努力的样子。”

这对一位肥胖的老人来说，是在用尽全身的力气，只是为了争取在火车开车前，能爬上月台，去栅栏边给儿子买几个橘子在旅途中吃！不要说是儿子，就是凭我们读者的善良天性，也禁不住感动的落泪而眼眶湿润了。

这时，作者用了一个大大的特写镜头，“我看见他的背影”！那个背影是全部父爱凝聚而成的，是最自然、最朴素、最热切和最真诚的；同时，也是儿子倾注全部感恩的投影，儿子全理解了，全明白了，他将怎样报答父亲啊，他有怎样的千言万语要对父亲说啊，他现在只有捧着一颗赤子之心，热泪盈眶，“我的泪很快地流下来了”！

何等的父子情深！真是深刻一瞥的背影，终生难忘的背影！然而，又是一个极其普通的背影，一个“混入来来往往的人里，再也找不着”的背影。

《背影》的整个情感基调是灰暗的，凄凉的，幸而，鲜红的橘子放在紫毛大衣上，添了一抹亮色，这也许是表现了父子情深中相印的心吧。

附：

背　影

朱自清

我与父亲不相见已二年余了，我最不能忘记的是他的背影。

那年冬天，祖母死了，父亲的差使也交卸了，正是祸不单行的日子。我从北京到徐州打算跟着父亲奔丧回家。到徐州见着父亲，看见满院狼藉的东西，又想起祖母，不禁簌簌地流下眼泪。父亲说：“事已如此，不必难过，好在天无绝人之路！”回家变卖典质，父亲还了亏空；又借钱办了丧事。这些日子，家中光景很是惨淡，一半因为丧事，一半因为父亲赋闲。丧事完毕，父亲要到南京谋事，我也要回北京念书，我们便同行。

到南京时，有朋友约去游逛，勾留了一日；第二日上午便须渡江到浦口，下午上车北去。父亲因为事忙，本已说定不送我，叫旅馆里一个熟识的茶房陪我同去。他再三嘱咐茶房，甚是仔细。但他终于不放心，怕茶房不妥帖；颇踌躇了一会。其实我那年已二十岁，北京已来往过两三次，是没有什么要紧的了。他踌躇了一会，终于决定还是自己送我去。我再三劝他不必去；他只说：“不要紧，他们去不好！”我们过了江，进了车站。我买票，他忙着照看行李。行李太多了，得向脚夫行些小费才可过去。他便又忙着和他们讲价钱。我那时真是聪明过分，总觉他说话不大漂亮，非自己插嘴不可，但他终于讲定了价钱；就送我上车。

他给我拣定了靠车门的一张椅子；我将他给我做的紫毛大衣铺好座位。他嘱我路上小心，夜里要警醒些，不要受凉。又嘱托茶房好好照应我。我心里暗笑他的迂；他们只认得钱，托他们只是白托！而且我这样大年纪的人，难道还不能料理自己么？唉，我现在想想，那时真是太聪明了！我说道：“爸爸，你走吧。”他往车外看了看说：“我买几个橘子去。你就在此地，不要走动。”我看那边月台的栅栏外有几个卖东西的等着顾客。走到那边月台，须穿过铁道，须跳下去又爬上去。父亲是一个胖子，走过去自然要费事些。我本来要去的，他不肯，只好让他去。

我看见他戴着黑布小帽，穿着黑布大马褂，深青布棉袍，蹒跚地走到铁道边，慢慢探身下去，尚不大难。可是他穿过铁道，要爬上那边月台，就不容易了。他用两手攀着上面，两脚再向上缩；他肥胖的身子向左微倾，显出努力的样子，这时我看见他的背影，我的泪很快地流下来了。我赶紧拭干了泪。怕他看见，也怕别人看见。我再向外看时，他已抱了朱红的橘子往回走了。过铁道时，他先将橘子散放在地上，自己慢慢爬下，再抱起橘子走。到这边时，我赶紧去搀他。他和我走到车上，将橘子一股脑儿放在我的皮大衣上。于是扑扑衣上的泥土，心里很轻松似的。过一会儿说：“我走了，到那边来信！”我望着他走出去。他走了几步，回过头看见我，说：“进去吧，里边没人。”等他的背影混入来来往往的人里，再找不着了，我便进来坐下，我的眼泪又来了。

近几年来，父亲和我都是东奔西走，家中光景是一日不如一日。他少年出外谋生，独立支持，做了许多大事。哪知老境却如此颓唐！他触目伤怀，自然情不能自已。情郁于中，自然要发之于外；家庭琐屑便往往触他之怒。他待我渐渐不同往日。但最近两年不见，他终于忘却我的不好，只是惦记着我，惦记着他的儿子。我北来后，他写了一信给我，信中说道："我身体平安，惟膀子疼痛厉害，举箸提笔，诸多不便，大约大去之期不远矣。"我读到此处，在晶莹的泪光中，又看见那肥胖的、青布棉袍黑布马褂的背影。唉！我不知何时再能与他相见！

希望之春

有两个成语很有意思：春华秋实和伤春悲秋。

一个是记叙了春天百花齐放和秋天硕果累累的景象，流露出人们朴朴实实的兴奋和喜悦；一个则是描写了在春秋景象里，一些人特有的伤感和悲凉，也是对古往今来无数骚人墨客吟咏的概括。特别是对于春天，伤春之甚者，如林黛玉的《葬花词》，发出“花落人亡两不知”的命运悲叹；喜春之极者，则如范仲淹《岳阳楼记》，抒写“春和景明”而达到“心旷神怡”的喜气洋洋！

春，它那绝妙的自然景物，竟如此牵动着人们的心弦，弹奏出喜怒哀乐的心曲！

正因为如此，几乎没有一个作家诗人没有写过春。在不同的心境中，各人笔下的春也就千姿百态、千歌万曲了。最值得称道的其中之一，是脍炙人口的朱自清先生的《春》。

朱先生是诗人，他写散文《春》，充满诗情画意自不必说，他怎样注诗情，怎样出画意；他的诗情画意又是那么独特，却很值得我们咀嚼探究了。

英国诗人拜伦有名句曰："冬天来了，春天还会远吗？"可见，人们在整整一个冬天都在盼望着春天！盼望春天，孕育着人们多少希望啊！

五四运动后的20世纪20年代，中国之命运恰如处在严冬，正是"野火烧不尽，春风吹又生"的希望前夜，作为一个正直、善良，满腔爱国激情的知识分子，朱先生热切地"盼望着，盼望着"大地春回，终于，"大地微微暖气吹"，东风送来了消息，"春天的脚步近了"。

希望，这就是散文《春》的基调，是朱先生写《春》时心中涌动的诗情倾泻的对象！因而，文中所描绘的一切，都不是眼前的现实之景，而是他理想中的希望之景；是理想的形象化虚拟景象，却绘形绘色地在眼前展开。这一幅幅春景美极了，呈现出朱先生胸臆中酝酿已久的诗情画意！

醒之景。万物复苏。

长期处在或阴暗、或压抑、或枯萎、或冻僵、或冬眠状态中的，大自然林林总总的万物，都醒了。只要一旦睁眼觉醒，一切就变了："山朗润起来了，水涨起来了，太阳的脸红起来了。"这是一幅多么令人奋起的红日山河锦绣图！

生之景。一切束缚都冲破了，所有的生命都活动起来了，万物竞自由，都凭天赋的生存权发展自己。这是朱先生着力铺开来描写的：

草地上，不断有小草像顽皮的孩子，偷偷地“钻”出来，新奇地探头探脑；一大片一大片的新绿草地，绵软软的，正活跃着顽皮的孩子们，在轻悄悄的春风里，他们“坐着，躺着，打两个滚，踢几脚球，赛几回跑，捉几回迷藏”一派生机勃勃、生龙活虎的景象！

这草长莺飞的春天，杂花生树。桃、李、梨，争芳吐艳，“红的像火，粉的像霞，白的像雪”，争先恐后，“你不让我，我不让你”。野花呢，遍地都是，散在草丛里，“像眼睛，像星星，还眨呀眨的”。想象中的想象更妙：带着甜味的花，忽而就变成了桃儿、杏儿、梨儿！从想象的轨迹和相应的语序来考究，“花下……飞来飞去”一句，应在想象中的想象句之前，因为这是花枝招展，引蜂闹，忙蝶舞的情景，有此景象才能变果满枝头呀！

当然，这春风使大自然母亲温柔的手，抚摸着一切生灵。于是，繁花嫩叶中的小鸟“呼朋引伴地卖弄歌喉，唱出宛转的曲子”，牧童骑在新翻了泥土的牛儿背上，悠闲地横吹短笛。这是多么自由自在、各显其能而交响成的一首醉人的自然之歌！

静之景。有动有静，动中有静，静中有动，是哲学之美，是自然之美的精髓。朱先生完美主义的慧眼，不仅善于想象动之景，还善于想象静之景。

静在哪里？在牛毛细雨中，在青绿的草叶上，在黄晕的灯光里，好一个“安静而和平的夜”啊！还有特写，在乡间小路上，石桥边，撑着伞不言不语“慢慢走着”的人；还有近景，披蓑戴笠的农夫，不声不响地在田野里工作着；还有远景，农人的草屋“稀稀疏疏的在雨里静默着”。好一幅耐人寻味的农村烟雨水墨画！

接着，用“天上风筝”将乡下跟城里连起来。“一年之计在于春”，人人都在活动，人人都在做事，处处春意盎然！终于，朱先生从想象里的春之美中，受到启发和鼓舞，满腔热情地欢呼春天般的人生：新的、美的、有力的，满怀希望向前去！

附：

春

朱自清

盼望着，盼望着，东风来了，春天的脚步近了。

一切都像刚睡醒的样子，欣欣然张开了眼。山朗润起来了，水涨起来了，太阳的脸红起来了。

小草偷偷地从土地里钻出来，嫩嫩的，绿绿的。园子里，田野里，瞧去，一大片一大片满是的。坐着，躺着，打两个滚，踢几脚球，赛几趟跑，捉几回迷藏。风轻悄悄的，草软绵绵的。

桃树，杏树，梨树，你不让我，我不让你，都开满了花赶趟儿。红的像火，粉的像霞，白的像雪。花里带着甜味；闭了眼，树上仿佛已经满是桃儿，杏儿，梨儿。花下成千成百的蜜蜂嗡嗡的闹着，大小的蝴蝶飞来飞去。野花遍地是：杂样儿，有名字的，没名字的，散在草丛里像眼睛像星星，还眨呀眨。

“吹面不寒杨柳风”，不错的，像母亲的手抚摸着你，风里带着些心翻的泥土的气息，混着青草味儿，还伴有各种花的香，都在微微润湿的空气里酝酿。鸟儿将巢安在繁花嫩叶当中，高兴起来，呼朋引伴的卖弄清脆的歌喉，唱出宛转的曲子，跟清风流水应和着。牛背上牧童的短笛，这时候也成天嘹亮的响着。

雨是最寻常的，一下就是三两天。可别恼。看，像牛毛，像花针，像细丝，密密的斜织着，人家屋顶上全笼着一层薄烟。树叶却绿得发亮，小草也青得逼你的眼。傍晚时候，上灯了，一点点黄晕的光，烘托出一片安静而和平的夜。在乡下，小路上，石桥边，有撑着伞慢慢走着的人，地里还有工作的农民，披着蓑戴着笠。他们的房屋稀稀疏疏的，在雨里静默着。

天上的风筝渐渐多了，地上的孩子也多了。城里乡下，家家户户，老老小小，也赶趟似的，一个个都出来了。舒活舒活筋骨，抖擞抖擞精神，各做各的一份事儿去。“一年之计在于春”，刚起头儿，有的是功夫，有的是希望。

春天像刚落地的娃娃，从头到脚都是新的，它生长着。

春天像小姑娘，花枝招展的笑着走着。

春天像健壮的青年，有铁一般的胳膊和腰脚，领着我们向前去。

自由之赋

赋是古文体之一，汉代最流行。它非常讲究文辞和铺陈，推崇鸿篇巨制，司马相如的《子虚赋》、《上林赋》，班固的《两都赋》，张衡的《两京赋》，都是铺张华丽，气势恢宏的名篇。魏晋以后，演变成还要讲究对仗音韵的骈赋，不过，篇幅小了。如我们比较熟知的王粲的《登楼赋》、江淹的《别赋》等。到唐宋时期，出现了更讲究形式和音律的律赋。但所谓物极必反，在古文运动的影响下，散文化的篇幅短小的文赋出现了，如杜牧的《阿房宫赋》、欧阳修的《秋声赋》、苏轼的前后《赤壁赋》。白话文兴起后，赋的文体似乎消失了，但我以为，从文脉的传承和文章的特点来看，有些诗化的散文，讲究文辞和铺陈的，也可归之为赋。现在似乎也有人这么做。其实，朱自清先生的《荷塘月色》就是一篇可以与古人之赋媲美的散文赋！

朱先生抒写的荷塘，如今去清华园也可以见到。考取清华大学的新生，有些因为读《荷塘月色》印象很深，特地去实地欣赏一番；也有个别教师，寻踪到清华园来品荷赏月的。真的身临其境，就会更叹服朱先生的生花妙笔了。那只是一处普普通通的荷塘呀！朱先生化普通为神奇，就是自觉或不自觉地运用了文赋的笔法。

文赋只要求讲究文辞和铺陈，叙述、描写、抒情、议论、押不押韵，都无不可，写作很自由。朱先生对夏夜月光照着的荷塘，张开想象的翅膀，自由驰骋，极尽铺陈之能事；提炼出最优美的文辞，精雕细刻，写得神形兼备，无限风光！

大凡神来之笔都来自思想感情的自由，刘勰所谓“形在江海之上，心存魏阙之下”，苏轼所谓“行云流水”，就是这种精神状态；只有如此的汪洋恣肆，才会有灵感闪烁，美词佳句倾泻笔端。这晚，只有一个人的荷塘，这“一片天地”就成了“另一世界”，我也就“便觉是个自由的人”了。于是，一切束缚思想、限制感情的种种框框都没了，“什么都可以想，什么都可以不想”、“白天里一定要做的事，一定要说的话，现在都可不理”，完全解放了，彻底自由了！眼里心里只有“这无边的荷香月色”了。这番叙述，铺陈了文思之源，亦即全篇之警策。

曹丕论文说“诗赋欲丽”。“丽”就是文饰，但不等于词藻华丽。朱先生自己也认为“藻饰过甚，真意转晦”，因而，说朱自清的散文“词藻华丽”，实是指美到极致的淡雅文字。

你看，荷塘上的月光是“淡淡的”，笼罩着一层轻轻淡淡的朦胧美，其中，荷叶田田，相挨相连，“叶子出水很高，像亭亭的舞女的裙”，“亭亭”是从“高”来的，由“亭亭”自然联想到美女，而那荷叶似芭蕾舞裙，在微风里，整个儿不就像芭蕾舞女么？可谓活色生香，而又朴素无华！花呢，在叶子中间点缀着。那淡红的荷花在淡淡的月色里变白了，“有袅娜地开着的，有羞涩地打着朵儿的”；袅娜是姿态，羞涩是情态，前者描写开的花，如风姿绰约的少妇，后者描写待开的花，则如情窦初开的处女了。真叫轻描淡写，恰到好处！更妙的是紧接着用三个不同角度的连比，抒写了“我”心中潜滋暗长的爱！“正如一粒粒的明珠”，荷叶承着，这不是掌上明珠吗？“又如碧天里的星星”，这不是“碧海青天夜夜心（星）”吗？“又如刚出浴的美人”，这不是华清池里“洗凝脂”后“娇无力”的人吗？没有一字浓艳，其爱其情其美已令人心醉矣！而赋者言犹未已，还要送来缕缕清香！“仿佛远处高楼上渺茫的歌声似的”，通过魅力作中介，把闻香跟听歌通感起来，不着一点痕迹，没有丝毫矫揉，却让人心醉到沁入五脏六腑里去了！最后，顺着“微风过处”，眼光由近至远，看见“一道凝碧的波痕”，这是情的余波，而终至于叶下流水脉脉，含情深深了。怪不得“叶子更见风致了”，这时，田田的叶子，若舞，就是满塘的芭蕾群舞了，好完美的铺陈文饰哟！

荷塘美不胜收，实赖月光“泻在这一片叶子和花上”，这月“虽然是满月”，却遮着“一层淡淡的云”，下泻便似起雾了，当然是薄雾；而雾里藏着青青的荷叶，因而“薄薄的青雾”便“浮起在荷塘里”了。雾里看白花，那花，不是“仿佛在牛乳中洗过一样”，凝着一层白腻么？又来一个连比：“又像笼着轻纱的梦”，朦胧恍惚而又实实在在的雾中美景，比喻“笼着轻纱的梦”是再恰当不过了。荷塘边还有树，灌木参差，杨柳弯弯，它们被淡月照着，影投塘中，于是连比与通感俱来，“画在荷叶上”、“光与影有着和谐的旋律，如梵婀玲上奏着的名曲”，也只有朱先生能用这样美的文辞去铺陈了。

不仅此也，朱先生丰富的想象还从眼前的荷塘，又想起江南采莲的旧俗了，随手就拈来《采莲赋》和《西洲曲》铺陈一番，将历史揉进现实里，真是赋得自由之极、华美之极了！

附：

荷塘月色

朱自清

这几天心里颇不宁静。今晚在院子里坐着乘凉，忽然想起日日走过的荷塘，在这满月的光里，总该另有一番样子吧。

月亮渐渐地升高了，墙外马路上孩子们的欢笑，已经听不见了；妻在屋里拍着闰儿，迷迷糊糊地哼着眠歌。我悄悄地披了大衫，带上门出去。

沿着荷塘，是一条曲折的小煤屑路。这是一条幽僻的路；白天也少人走，夜晚更加寂寞。

荷塘四面，长着许多树，蓊蓊郁郁的。路的一旁，是些杨柳，和一些不知道名字的树。没有月光的晚上，这路上阴森森的，有些怕人。今晚却很好，虽然月光也还是淡淡的。

路上只我一个人，背着手踱着。这一片天地好像是我的；我也像超出了平常的自己，到了另一个世界里。我爱热闹，也爱冷静；爱群居，也爱独处。像今晚上，一个人在这苍茫的月下，什么都可以想，什么都可以不想，便觉是个自由的人。白天里一定要做的事，一定要说的话，现在都可不理。这是独处的妙处；我且受用这无边的荷香月色好了。

曲曲折折的荷塘上面，弥望的是田田的叶子。叶子出水很高，像亭亭的舞女的裙。层层的叶子中间，零星地点缀着些白花，有袅娜地开着，有羞涩的打着朵儿的；正如一粒粒的明珠，又如碧天里的星星，又如刚出浴的美人。微风过处，送来缕缕清香，仿佛远处高楼上渺茫的歌声似的。这时候叶子与花也有一些的颤动，像闪电般，霎时传过荷塘的那边去了。叶子本是肩并肩密密的挨着，这便宛然有了一道凝碧的波痕。叶子底下是脉脉的流水，遮住了，不能见一些颜色；而叶子却更见风致了。

月光如流水一般，静静地泻在这一片叶子和花上。薄薄的青雾浮起在荷塘里。叶子和花仿佛在牛乳中洗过一样；又像笼着轻纱的梦。虽然是满月，天上却有一层淡淡的云，所以不能朗照；但我以为这恰是到了好处——酣眠固不可少，小睡也别有风味的。月光是隔了树照过来的，高处丛生的灌木，落下参差的斑驳的黑影，却又像是画在荷叶上。塘中的月色并不均匀，但光与影有着和谐的旋律，如梵婀玲上奏着的名曲。

荷塘的四面，远远近近，高高低低的都是树，而杨柳最多。这些树将一片荷塘重重围住；只在小路一旁，漏着几段空隙，像是特为月光留下的。树色一例是阴阴的，乍看像一团烟雾；但杨柳的丰姿，便在烟雾里也辨得出。树梢上隐隐约约的是一带远山，只有些大意罢了。树缝里也漏着一两点路灯光，没精打采的，是渴睡人的眼。这时候最热闹的，要数树上的蝉声与水里的蛙声；但热闹的是它们的，我什么也没有。

忽然想起采莲的事情来了。采莲是江南的旧俗，似乎很早就有，而六朝时为盛，从诗歌里可以约略知道。采莲的是少年的女子，她们是荡着小船，唱着艳歌去的。采莲人不用说很多，还有看采莲的人。那是一个热闹的季节，也是一个风流的季节。

梁元帝《采莲赋》里说得好：于是妖童媛女，荡舟心语："鷁首徐回，兼传羽杯；棹将移而藻挂，船欲动而萍开。尔其纤腰束素，迁延顾步；夏始春余，叶嫩花初，恐沾裳而浅笑，畏倾船而敛裾。"可见当时嬉游的光景了。这真是有趣的事，可惜我们现在早已无福消受了。于是又记起《西洲曲》里的句子："采莲南塘秋，莲花过人头；低头弄莲子，莲子清如水。"今晚若有采莲人，这儿的莲花也算得"过人头"了；只不见一些流水的影子，是不行的。这令我到底惦着江南了。——这样想着，猛一抬头，不觉已是自己的门前；轻轻地推门进去，什么声息也没有，妻已睡熟好久了。

读叶圣陶

愤怒的诗

五卅惨案发生的第二天，叶圣陶先生一清早就赶到事发现场，去寻找牺牲者和受伤者的血迹，深情地吊慰；去感受正义和自由被镇压的凶残，愤怒地抗议！

现场的所见所闻所感，激起了他一阵阵发自内心深处无比复杂的情感，思想感情的汹涌波涛，在他全身恣睢奔流，归来倾泻于笔端，疾书成文，写就了这篇流传至今，令人一读就悲愤沛然、拍案奋起的《五月卅一日急雨中》!

恩格斯曾说："愤怒出诗人。"叶先生面对帝国主义的屠杀和镇压，愤怒到了极点，用强烈的爱憎铸就的这篇文章，对敌人，字字像子弹；对同胞，句句似号角！虽然它是一篇散文，却像一首诗，一首愤怒的长诗；如果分行分音节排列，它真是一首好诗啊！或者，我整合起来说，它是一首浓郁深刻的散文诗！也只有从诗的角度去吟咏朗诵，才能感染文章的激情，才能理解文章的深意，才能品味文章的隽永，才能汲取文章中饱含的爱国主义精神和大无畏精神，才能懂得我们今天生活的幸福和人生的真义。

我淋到了那天的急雨了！这上海夏天常见的大雨，在那天，那个特定的时间地点上，在叶先生的心目中，就如“恶魔的乱箭”，一方面，直观地而又依稀地，展现出昨天帝国主义者凶残与疯狂的镇压场面；另一方面，实见今天才一早，就似乎一切都恢复了，并且不留一点痕迹，“已经给仇人的水龙头冲得光光，已经给烂了心肠的人们踩得光光，更给恶魔的乱箭似的急雨洗得光光！”要想寻找到血迹来参拜和舔尽已不可能了，但帝国主义的罪行是渗在这块土地上，永远抹不去的！帝国主义的狰狞面目大家看清了，像做了一道“严重的功课”，催人觉醒了，“将会看到血的花开在这里，血的果结在这里”。这就是叶先生的雨中悲情，心中信念！

当时的小学国文课本里选有一首诗《帝国主义是个恶魔》，因此，“恶魔”的指向是连小学生都十分清楚的。那两个满脸横肉深纹，“黄色的睫毛下闪着绿光，似乎在那里狞笑”的英租界巡捕，就是被叶先生揪住示众的帝国主义恶魔的嘴脸；而他们肆无忌惮狞笑的最集中、最野蛮的代表，就是“张开大口在那里狞笑”的手枪！面对那“无数量”的昨天射向同胞的手枪，叶先生把一切咽进肚里。这是压在心头的“石头”，这是烙在心底的仇恨，于是，“我满腔的愤怒”！

叶先生的血是热的。他是苏州人，生在甲午战争那年。12岁进小学读书时，就请老师章伯演取个立志于爱国强国的字。章老师说：“你名绍钧，有诗曰‘秉国之钧’，取秉臣为字好。”因为那时候还有皇帝。1911年10月15日，苏州在辛亥革命中光复了，第二天，他就找到章先生激动地说：“清廷已覆没，皇帝被打倒了，我不能再作臣了，请先生改个字！”张老师笑了笑说：“你名绍钧，又诗曰‘圣人陶钧万物’，就取圣陶为字吧。”可见，志存高远、一腔热血的叶先生此时怎能不满腔愤怒呢！

我看到热血青年了！他们跟叶先生一样，“任狂雨乱泼”，男男女女，三五成群，组成了“青布大褂的队伍”，到各店铺里去演讲。看到这些队伍，叶先生由愤怒转为惊异了，因为他看到了一张张“从来没见过”的脸，“这么严肃的脸，有如昆仑之耸峙”，那是大义凛然的坚定；“这么郁怒的脸，有如雷电之将作”，那是无比力量的积聚！对付恶魔必然是，也只能是这样的脸了。

爱国青年们的“郁怒”跟叶先生的愤怒相比有更青春的层次：他们要冲在最前面，为民族的命运、天下的兴亡，去唤起民众，“咱们是一伙儿”，反抗凶恶的敌人！因而，“他们的眼睛冒出焚烧一切的火，抿紧的嘴唇里藏着咬得死敌人的牙齿”。应该欢笑的青年清秀的颜色，都“换上了北地战士的苍劲”。于是，“笑将不复在我们唇上”，佩弦这句诗就是“郁怒”青年最合适的写照了。

我还看见叶先生赞美的“露胸的朋友”，因为他简要精练地喊出了“中国人不会齐心呀！如果齐心，吓，怕什么！”这是雪亮眼睛的人说出的最明白的话！也是一针见血的最有力的英雄宣言，是反抗一切恶魔取胜的关键和方向，叶先生不禁“虔敬地向他点头”了。

叶先生还让我看到了另一些“魔影”——袖手旁观者。他们或玩世，或消极，或害怕，都是些该诅咒的败类！叶先生对之不屑一顾，在满腔的愤怒中，怀着中国“有救”的坚定信念，冒着“依然是满街恶魔的乱箭似的急雨”，向前走去……愤怒之诗，也就在孕育之中了。

附：

五月卅一日急雨中

叶圣陶

从车上跨下，急雨如恶魔的乱箭，立刻打湿了我的长衫。满腔的愤怒，头颅似乎戴着紧紧的铁箍。我走，我奋疾地走。

路人少极了，店铺里仿佛也很少见人影。哪里去了！哪里去了！怕听昨天那样的排枪声，怕吃昨天那样的急射弹，所以如小鼠如蜗牛般蜷伏在家里，躲藏在柜台底下么？这有什么用！你蜷伏，你躲藏，枪声会来找你的耳朵，子弹会来找你的肉体：你看有什么用？

猛兽似的张着巨眼的汽车冲驰而过，泥水溅污我的衣服，也溅及我的项颈。我满腔的愤怒。

一口气赶到“老闸捕房”门前，我想参拜我们的伙伴的血迹，我想用舌头舔尽所有的血迹，咽入肚里。但是，没有了，一点儿也没有了！已经给仇人的水龙头冲得光光，已经给烂了心肠的人们踩得光光，更给恶魔的乱箭似的急雨洗得光光！

不要紧，我想。血曾经淌在这块地方，总有渗入这块土里的吧。那就行了。这块土是血的土，血是我们的伙伴的血。还不够是一课严重的功课么？血灌溉着，滋润着，将会看到血的花开在这里，血的果结在这里。

我注视这块土，全神地注视着，其余什么都不见了，仿佛自己整个儿躯体已经融化在里头。

抬起眼睛，那边站着两个巡捕：手枪在他们的腰间：泛红的脸上的肉，深深的颊纹刻在嘴的周围，黄色的睫毛下闪着绿光，似乎在那里狞笑。

手枪，是你么？似乎在那里狞笑，是你么？

“是的，是的，就是我，你便怎样！”——我仿佛看见无量数的手枪在点头，仿佛听见无量数的张开的大口在那里狞笑。

我舔着嘴唇咽下去，把看见的听见的一齐咽下去，如同咽一块粗糙的石头，一块烧红的铁。我满腔的愤怒。

雨越来越急，风把我的身体卷住，全身湿透了，伞全然不中用。我回转身走刚才来的路，路上有人了。三四个，六七个，显然可见是青布大褂的队伍，中间也有穿洋服的，也有穿各色衫子的短发的女子。他们有的张着伞，大部分却直任狂雨乱泼。

他们的脸使我感到惊异。我从来没有见到过这么严肃的脸，有如昆仑之耸峙；我从来没有见到过这么郁怒的脸，有如雷电之将作。青年的清秀的颜色隐退了，换上了北地壮士的苍劲。他们的眼睛将要冒出焚烧一切的火焰，抿紧的嘴唇里藏着咬得死敌人的牙齿……

佩弦的诗道，“笑将不复在我们唇上！”用来歌咏这许多张脸正合适。他们不复笑，永远不复笑！他们有的是严肃与郁怒，永远是严肃的郁怒的脸。

青布大褂的队伍纷纷投入各家店铺，我也跟着一队跨进一家，记得是布匹庄。我听见他们开口了，差不多掏出整个的心，涌起满腔的血，真挚地热烈地讲着。他们讲到民族的命运，他们讲到群众的力量，他们讲到反抗的必要；他们不惮郑重叮咛的是“咱们是一伙儿”！我感动，我心酸，酸的痛快。

店伙的脸也比较严肃了；他们没有话说，暗暗点头。

我跨出布匹庄。“中国人不会齐心呀！如果齐心，吓，怕什么！”听到这句带有尖刺的话，我回头去看。

是一个三十左右的男子，粗布的短衫露着胸，苍黯的肤色标记他是在露天出卖劳力的。他的眼睛放射出英雄的光。

不错呀，我想。露胸的朋友，你喊出这样简要精练的话来，你伟大！你刚强！你是具有解放的优先权者！——我虔敬地向他点头。

但是，恍惚有蓝袍玄褂小髭须的影子在我眼前晃过，玩世的微笑，又仿佛鼻子里轻轻的一声“嗤”。接着又晃过一个袖手的，漂亮的嘴脸，漂亮的衣着，在那里低吟，依稀是“可怜无补费精神”！袖手的幻化了，抖抖地，显出一个瘠瘦的中年人，如鼠的觳觫的眼睛，如兔的颤动的嘴唇，含在喉际，欲吐又不敢吐的是一声“怕……”

我如受奇耻大辱，看见这种种的魔影，我诅咒你们：你们是拦路的荆棘！你们是伙伴的牵累！你们灭绝！你们消亡！永远不存一丝儿痕迹于这块土地上！

有淌在路上的血，有严肃的郁怒的脸，有露胸朋友那样的意思，“咱们一伙儿”，有救，一定有救，——岂但有救而已。

我满腔的愤怒。再有露胸朋友那样的话在路上吧？我向前走去。

依然是满街恶魔的乱箭似的急雨。

一九二五年五月三十一日作

言淡情浓

叶圣陶先生不仅是位著名的作家、编辑家、出版家、社会活动家，而且是位德高望重的语文教育大家。他曾给一本作文指导书写的序里说："作文原是生活的一部分。生活就如泉源，文章犹如溪水，泉源丰盈而不枯竭，溪水自然活泼泼地流个不歇。"叶先生是个极诚朴的人，这番话，其实是夫子自道写文章的经验。他还说"写文章就是说话，就是想心思"，因而，生活中感受到的想法，像说话那样写下来，就是叶先生的写作主张。《五月卅一日急雨中》是他触景生情的怒言，其文就铿锵如诗了；《藕与莼菜》是他触景生情的闲语，其文就清淡似水了——但都是情浓之作。前者是恨之切，恨得咬牙切齿；后者是爱之深，深得清澈见底。

就像柳宗元笔下的小石潭，日光下澈，一条条小鱼翕忽游动，能激起人的遐想一样，叶先生"同朋友喝酒，嚼着薄片的雪藕，忽然怀念起故乡来了"。这"忽然"很是传神，相关的记忆因嚼藕片，从感情的深处一下子显现出来！那甜甜的脆脆的感觉是特有的，是故乡的藕的味儿，啊，故乡的藕啊！于是，叶先生描绘了一幅故乡卖藕的风俗画：新秋的早晨，乡人挑着藕担进城来。

乡人是美的。“男的紫赤的臂膊和小腿肌肉突起，躯干高大且挺直”，好一个健康有力气的劳动者！“女的往往裹着白地青花的头巾，虽然赤脚，却穿短短的夏布裙”，好一个健康美丽的劳动妇女！真像叶先生说的别有一番“美的风致”。你看，这就是叶先生记忆中可爱可敬的乡人形象，多么富于地方特征的画中人啊！

这人还跟藕连在一起，“他们各挑着一副担子，盛着鲜嫩玉色的长节的藕”；或者说，是因为想起了藕才想到了人，只有如此健康的人，才配担如此鲜嫩的藕。这藕，切成薄片，就是“雪藕”了。因而，雪藕之来，也就必须交代清楚，那是因为乡人在池塘里、小河边“一再洗濯”的结果，洗得干干净净，“所以这样洁白”。交代不是到此为止，而是，借此深入劳动者的内心世界，“他们以为这是供人品味的珍品”，一定要洗得白白的，呈现出“玉色”来，才可供人家欣赏，否则，就是“罪过”了。这是何等地认真负责，何等地朴素善良，何等地艺术境界，无怪乎叶先生要把乡人洗藕，赞为“清晨的画境里的重要题材”！

挑藕进了城，卖藕买藕的场面又是一幅风俗画。叶先生轻轻勾勒几笔，就出现了一个“鲜嫩玉色”的藕大受欢迎的热闹场面，“红衣衫的小姑娘拣一节，白头发的老公公买两支”，老老小小，满意而去。而乡人无需吆喝，只是坐在横地的扁担上；也不要讨价还价，还嚼着太嫩或太老的藕解渴呢。可谓纯朴之至了。

可是，藕运来上海，成为大城市的商品，就分等而沽了。老百姓从挑担子叫卖者买到的，“不是瘦得像乞丐的臂和腿，便涩得像未熟的柿子”，令叶先生“无从欣羡”！即使吃过一次故乡亲戚带来的藕，也因为时间长了，不新鲜了，满是锈斑，老得削皮不爽利，吃起来虽有些甘味，却“似乎含了满口的渣”。不知多少回欣赏过“鲜嫩玉色”的故乡的藕，也不知多少回吃过“清淡甘美的滋味”的故乡的藕，当然吃不下第二口了。浓浓的怀乡情，就在这强烈的对比中更突出了！

“想起了藕就联想到莼菜”，因为都是家乡常吃的菜。现在生活在上海，藕难吃，莼菜更难吃到了。因为“非上馆子就难于吃到这东西”。苏州的莼菜是春天“从太湖里捞上来的”，叶先生在故乡时“能日餐一碗”，而今，吃到人送的一瓶，还是杭州的“西湖莼菜”！叶先生回忆起曾经在故乡几乎天天吃的莼菜，不免神往了：“味道全在于好的汤。但是嫩绿的颜色与丰富的诗意，无味之味真足令人心醉。”这种赏心悦目而诗情满怀的无味之味，大概是美食的最高境界了！

行文至此，字里行间已是情深意满了。“向来不恋故乡的我”，其实，心灵深处藏着浓浓的恋情，一人一事一物在不经意中被触发，就会“忽然”怀念起来，而且是那么宝贵，那么清晰！一嚼“薄片的雪藕”，就觉得藕是故乡的好，不仅是它的形、色、味，更在于与之相关的人；不仅是挑担卖藕的乡人，甚至是过路的买藕人，小姑娘呀，老公公呀，都在记忆中活动起来。由藕之甘美还津津然似乎又恋着“心醉”的莼菜了。这就是“因为在故乡有所恋，而所恋又只在故乡有，就萦系着不能割舍了”。叶先生这篇文章，完全是直书“想心事”的闲话，朴素无华，而在通俗浅易之中倾注的故乡情，真的好浓好浓啊！

附：

藕与莼菜

叶圣陶

同朋友喝酒，嚼着薄片的雪藕，忽然怀念起故乡来了。

若在故乡，每当新秋的早晨，门前经过许多的乡人：男的紫赤的臂膊和小腿肌肉突起，躯干高大且挺直，使人起康健的感觉；女的往往裹着白地青花的头布，虽然赤脚却穿短短的夏布裙，躯干固然不及男的这样高，但是别有一种康健的美的风致；他们各挑着一副担子，盛着鲜嫩玉色的长节的藕。在藕的家乡的池塘里，在城外曲曲弯弯的小河边，他们把这些藕一濯再濯，所以这样洁白了。仿佛他们以为这是供人体味的高品的东西，这是清晨的图画里的重要题材，假若满涂污泥，就把人家欣赏的浑凝之感打破了；这是一件罪过的事情，他们不愿意担在身上，故而先把它们濯得这样洁白了，才挑进城里来。他们想要休息的时候，就把竹扁担横在地上，自已坐在上面，随便拣择担里的过嫩的藕或是较老的藕，大口地嚼着解渴。过路的人便站住了，红衣衫的小姑娘拣一节，白头发的老公公买两支。清淡的甘美的滋味于是普遍于家家且人人了。这种情形，差不多是平常的日课，直要到叶落秋深的时候。

在这里，藕这东西几乎是珍品了。大概也是从我们的故乡运来的，但是数量不多，自有那些伺候豪华公子硕腹巨贾的帮闲茶房们把大部分抢去了；其余的便要供在大一点的水果铺子里，位置在金山苹果吕宋香芒之间，专善待价而沽。至于挑着担子在街上叫卖的，也并不是没有，但不是瘦得像乞丐的臂腿，便涩得像未熟的柿子，实在无从欣羡。因此，除了仅有的一回，我们今年竟不曾吃过藕。

这仅有的一回不是买来吃的，是邻舍送给我们吃的。他们也不是自己买的，是从故乡来的亲戚带来的。这藕离开它的家乡大约有好些时候了，所以不复呈玉样的颜色，却满被着许多锈斑。削去皮的时候，刀锋过处，很不顺爽。切成了片，送入口里嚼着，颇有点甘味，但没有一种鲜嫩的感觉，而且似乎含了满口的渣，第二片就不想吃了。只有孩子很高兴，他把这许多片嚼完，居然有半点钟工夫不再作别的要求。

因为想起藕，又联想到莼菜。在故乡的春天，几乎天天吃莼菜，它本来没有味道，味道全在于好的汤。但这样嫩绿的颜色与丰富的诗意，无味之味真足令人心醉呢。在每条街旁的小河里，石埠头总歇着一两条没篷的船，满舱盛着莼菜，是从太湖里去捞来的。像这样地取求很便，当然能得日餐一碗了。

而在这里又不然；非上馆子，就难以吃到这东西。我们当然不上馆子，偶然有一两回去扰朋友的酒席，恰又不是莼菜上市的时候，所以今年竟不曾吃过。直到最近，伯祥的杭州亲戚来了，送他几瓶装瓶的西湖莼菜，他送我一瓶，我才算也尝了新了。

向来不恋故乡的我，想到这里，觉得故乡可爱极了。我自己也不明白，为什么会起这么深浓的情绪？再一思索，实在很浅显的：因为在故乡有所恋，而所恋又只在故乡有，便萦着系着不能离舍了。譬如亲密的家人在那里，知心的朋友在那里，怎得不恋恋？怎得不怀念？但是仅仅为了爱故乡吗？不是的，不过在故乡的几个人把我们牵着罢了。若无所牵，更何所恋？像我现在，偶然被藕与莼菜所牵，所以就怀念起故乡来了。

所恋在哪里，哪里就是我们的故乡了。

一九二三年四月七日

欣赏指南

中国园林是世界上独特的建筑艺术，是我们民族的瑰宝之一。叶圣陶先生说，“我觉得苏州园林是我国各地园林的标本，各地园林或多或少都受到苏州园林的影响”。古今中外，许多旅游者，凡游过苏州园林的，徜徉其境，俯仰瞻顾，无不感到美不胜收。但真要说出它为什么这样美，不少人又难以道出个所以然来。这就无怪乎美国人，只好请我国园林建筑艺术大师陈从周先生，把苏州网师园以“明轩”的形式，移建至纽约大都会博物馆，聊作实地游赏了。

1979 年，风光画报出版社出版《苏州园林》画册，请叶先生作序，叶先生欣然允诺。叶先生确实是最恰当的作序人，这不仅是因为他是苏州人，读书教书在苏州好长一段时间，不知多少次游过十几处苏州名园，而且是因为出版社极看重叶先生的名望、眼光和文风。求大师为读者导读，更有利于读者欣赏和理解《苏州园林》。后来，这篇序文被选作课文，编者便把《苏州园林》作为文题了。

苏州园林大大小小有一百多处，但绝无雷同。可谓每一处都极富个性，因为设计者和匠师们都秉着“因地制宜，自出心裁”的原则，充分发挥艺术创新的智慧，所以无论地处何方，园子大小，都各具特色，别开生面，美其所美。也正因为如此，设计者和匠师们一致追求“无论站在那个点上，眼前总是一幅完美的图画”，让游园的人得到“人在画图中”的实感。

追求的结果必然要“讲究亭台轩榭的布局，讲究假山池沼的配合，讲究花草树木的映衬，讲究近景远景的层次”。这就是匠心独运的共同点，也应该是每一个欣赏、理解园林艺术，读《苏州园林》画册的读者必具的视角。心领神会地把握好这四个“讲究”，就是叶先生指点欣赏、理解苏州园林的门径。

然而，大处着眼容易，大而化之地“到此一游”，你也会顺着四个“讲究”点头称是的。不过，苏州园林的精妙之处，特别需要小处着眼，才能发现四个“讲究”的极致，所谓细致入微的神韵。叶先生不是说，进得园来，人就在画图中，无论走到哪里，步移景换，“眼前总是一幅完美的图画”吗？是些什么样的图画呢？于是，叶先他从小处落笔，或点睛，或细描，似乎在跟我们读者探究一幅幅美术画，指着假山、池沼、树木和花墙、廊子、门窗，道其所以：

假山之画。园中假山是石头“堆叠”的。但假得逼真!“或者是重峦叠嶂,或者是几座小山配合着竹子花木”,身临其境,“只觉得身在山间”,忘却园外的城市风光。真可以细细悟出隐于市者的悠闲情怀!

池沼之画。相对假山的静,池沼是活水,就要在动上有表现,“养着金鱼或各色鲤鱼”自不必说;而当夏秋季节,其中荷花或睡莲开放,水上风来,花叶轻舞,“鱼戏莲叶间”,眼前可是活泼泼的自然动画呢。若水面成河道模样,不仅“高低曲折任其自然”,还在旁边“布置几块玲珑的石头或者种些花草”。桥梁其上,逝者如斯,不亦如画乎?

树木之画。栽种和修剪当然是很讲究的,“高树与低树俯仰生姿,落叶树与常绿树相间,花时不同的多种花树相间”,一年四季,错落杂陈,画意盎然;若有古老藤萝,“盘曲嶙峋的枝干就是一幅好画”,到花开时,还添上“珠光宝气”,真是“没法细说”了。简直就是一幅大手笔的工笔条屏!

墙廊之画。苏州园林的墙,把园子隔成好几个部分,其中还有廊子界着。显然是为了园子能够层次多“景致就见得深”了,但还不止此,墙称“花墙”:墙壁上有砖砌的各式镂空图案,廊子两边又大多是空无所依,便又起到“隔而不隔,界而未界”增加景深的作用;更妙的是,有的园林还在适当的位置上“装上一面大镜子”，虚虚实实，层次、景观就大大增加了，有的地方“几乎可以说把整个园林翻了一番”！即使一些角角落落，也注意到图画美，比如，开窗是面对白墙，“给补上几竿竹子或几棵芭蕉”，又可见一幅画了。

门窗之画。苏州园林的门窗，除了用材讲究外，“图案设计和雕镂琢磨功夫都是工业美术的上品”。无论几扇，四扇、八扇、十二扇，都是精雕细刻，“尽量工细而决不庸俗，即使简朴而别具匠心”，所雕所刻也是画，怪不得摄影家也特别青睐了！梁柱门窗大多漆“不刺眼”的广漆，墙壁粉成白色，墙壁下半截铺的“水磨方砖”、屋瓦和檐漏，“一律淡灰色”，与其间的绿叶红花配合，又显现江南清雅的色调之美了。

叶先生文中还强调“美术画”的精魂是“自然之趣”，读画册能得此“趣”才算读懂序了。

附：

苏州园林

叶圣陶

苏州园林据说有一百多处，我到过的不过十多处。其他地方的园林我也到过一些。倘若要我说说总的印象，我觉得苏州园林是我国各地园林的标本，各地园林或多或少都受到苏州园林的影响。因此，谁如果要鉴赏我国的园林，苏州园林就不该错过。

设计者和匠师们因地制宜，自出心裁，修建成功的园林当然各各不同。可是苏州各个园林在不同之中有个共同点，似乎设计者和匠师们一致追求的是：务必使游览者无论站在哪个点上，眼前总是一幅完美的图画。为了达到这个目的，他们讲究亭台轩榭的布局，讲究假山池沼的配合，讲究花草树木的映衬，讲究近景远景的层次。总之，一切都要为构成完美的图画而存在，决不容许有欠美伤美的败笔。他们惟愿游览者得到“如在画图中”的美感，而他们的成绩实现了他们的愿望，游览者来到园里，没有一个不心里想着口头说着“如在画图中”的。

我国的建筑，从古代的宫殿到近代的一般住房，绝大部分是对称的，左边怎么样，右边也怎么样。苏州园林可绝不讲究对称，好像故意避免似的。东边有了一个亭子或者一道回廊，西边决不会来一个同样的亭子或者一道同样的回廊。这是为什么？我想，用图画来比方，对称的建筑是图案画，不是美术画，而园林是美术画，美术画要求自然之趣，是不讲究对称的。

苏州园林里都有假山和池沼。假山的堆叠，可以说是一项艺术而不仅是技术。或者是重峦叠嶂，或者是几座小山配合着竹子花木，全在乎设计者和匠师们生平多阅历，胸中有丘壑，才能使游览者攀登的时候忘却苏州城市，只觉得身在山间。至于池沼，大多引用活水。有些园林池沼宽敞，就把池沼作为全园的中心，其他景物配合着布置。水面假如成河道模样，往往安排桥梁。假如安排两座以上的桥梁，那就一座一个样，决不雷同。池沼或河道的边沿很少砌齐整的石岸，总是高低屈曲任其自然。还在那儿布置几块玲珑的石头，或者种些花草：这也是为了取得从各个角度看都成一幅画的效果。池沼里养着金鱼或各色鲤鱼，夏秋季节荷花或睡莲开放，游览者看“鱼戏莲叶间”，又是入画的一景。

苏州园林栽种和修剪树木也着眼在画意。高树与低树俯仰生姿。落叶树与常绿树相间，花时不同的多种花树相间，这就一年四季不感到寂寞。没有修剪得像宝塔那样的松柏，没有阅兵式似的道旁树：因为依据中国画的审美观点看，这是不足取的。有几个园里有古老的藤萝，盘曲嶙峋的枝干就是一幅好画。开花的时候满眼的珠光宝气，使游览者感到无限的繁华和欢悦，可是没法说出来。

游览苏州园林必然会注意到花墙和廊子。有墙壁隔着，有廊子界着，层次多了，景致就见得深了。可是墙壁上有砖砌的各式镂空图案，廊子大多是两边无所依傍的，实际是隔而不隔，界而未界，因而更增加了景致的深度。有几个园林还在适当的位置装上一面大镜子，层次就更多了，几乎可以说把整个园林翻了一番。

游览者必然也不会忽略另外一点，就是苏州园林在每一个角落都注意图画美。阶砌旁边栽几丛书带草。墙上蔓延着爬山虎或者蔷薇木香。如果开窗正对着白色墙壁，太单调了，给补上几竿竹子或几棵芭蕉。诸如此类，无非要游览者即使就极小范围的局部看，也能得到美的享受。

苏州园林里的门和窗，图案设计和雕镂琢磨功夫都是工艺美术的上品。大致说来，那些门和窗尽量工细而决不庸俗，即使简朴而别具匠心。四扇，八扇，十二扇，综合起来看，谁都要赞叹这是高度的图案美。摄影家挺喜欢这些门和窗，他们斟酌着光和影，摄成称心满意的照片。

苏州园林与北京的园林不同，极少使用彩绘。梁和柱子以及门窗栏杆大多漆广漆，那是不刺眼的颜色。墙壁白色。有些室内墙壁下半截铺水磨方砖，淡灰色和白色对衬。屋瓦和檐漏一律淡灰色。这些颜色与草木的绿色配合，引起人们安静闲适的感觉。花开时节，更显得各种花明艳照眼。

可以说的当然不止以上这些，这里不再多写了。

读巴金

激流之花

巴金先生是四川成都人，在社会大变革的时代，他挣脱封建大家庭，到上海去读书，自然是满怀激情出门去；而途经长江三峡，其中的激流险滩，惊心动魄，又自然跟他投身时代洪流的心潮相感应，因之，必然开启着他的人生新航程。

得力于叶圣陶先生的慧眼，巴金先生走上了文学创作的道路。百岁人生的文学生涯，由于著述之丰、影响之大，使他成为20世纪新文化运动以来的文学巨匠之一。他的《激流》三部曲是其作品中影响最大的长篇小说。尽管他本人最喜欢的是后来的《爱情》三部曲，但社会所推崇的还是《激流》三部曲。也许，《激流》三部曲的艺术真实的弹奏，跟时代的脉搏产生了强烈的共振，更具打动读者的艺术魅力。

艺术的真实源于作者真实的生活，作者用自己独特的思考与认识去提炼加工，从而塑造艺术形象，反映时代的风貌与精神。巴金先生到晚年还强调说："《家》不是自传体的小说，不过我在书中写了一些真正发生过的事情。”《家》是《激流》三部曲中最脍炙人口的一部，其中四世同堂的封建大家庭高家，林林总总的人物，悲欢离合的情节，确实有不少在巴金先生的家里发生过，小说中的主要人物觉新、觉民和觉慧，都有巴金先生兄弟的影子，怪不得读者认为《家》是部自传体小说，需要作者一再郑重说明了。

读了《家》，似乎还可以想到，有点儿《红楼梦》的影子，那种面临崩溃的封建大家庭，那种错综复杂的封建社会关系，那些叛逆者的种种抗争，那些青年男女的爱情悲剧，都隐约可以找到其间的相似点。好像作者也曾有意为之，《家》最初题为《春梦》。这篇《激流》总序，原是为《春梦》写的“小引”，写完后，大概对文中关于“激流”的灵感怦然心动，就把《春梦》改题为《激流》，最后又改题为《家》。虽然“梦”改掉了，但高家与贾家还是有渊源可探的。后来，巴金先生“激流”勇进，连续写了《春》和《秋》，于是，《家》、《春》、《秋》就合成《激流》三部曲，“小引”也就变成“总序”了。直至20世纪80年代，巴金先生还感叹“封建社会的流毒还像污泥浊水积在我们的院内墙脚”。因此，《红楼梦》和《家》都没有过时，它们的渊源还可探。

《激流》总序，显然是巴金先生充满激情之作。当时，他只有27岁，但已经“看见了不少的东西，知道了不少的事情”，并且深感“周围是无边的黑暗”。风华正茂的他，刚刚挣脱封建家庭的束缚，充满了对新生活的追求、对新社会的向往，因而，他要去“搏斗”，去征服“黑暗”，投身到生活的洪流中去。他感受到了生活的蓬勃发展，创作的激情令灵感闪现，用了一个极其形象的、极富统摄力的词——“激流”，来概括自己对人生的认识和实践。

巴金先生说过：“人为什么需要文学？需要它来扫除我们心灵中的垃圾，需要它给我们带来希望，带来勇气，带来力量。”于是，他早早地拿起笔，创作了《激流》三部曲，在读者面前展开“过去十多年生活的一幅图画”，从中去看那股“由爱与恨、欢乐与受苦所组成的生活的激流是如何地在激荡”。作者是过来人，“经历了二十几个寒暑”，无论在什么地方，他“总看见那一股生活的激流在动荡”。作者的人生就是在生活的激流中“搏斗”，创造自己的道路，走向未来，《激流》中着力塑造的人物也是如此。

因而，总序里尽情地歌颂“激流”的顽强与力量，“没有什么东西可以阻止它”，它“具有排山之势”；尽情地描绘“激流”冲过“乱山碎石”的搏斗，“发射出种种的水花，这里面有爱，有恨，有欢乐，也有痛苦”。这就是“征服”！这也就是作者和他塑造的人物的生活。

紧接着，作者对应“激流”直接抒情：在参加“搏斗”中，“我有我的爱，有我的恨，有我的欢乐，也有我的痛苦。”那个年代，社会的发展还很难预料，只知道五四新文化运动揭开了大时代大动荡的序幕，渴望自由的热血青年，寄希望于未来，坚持变革的信仰去走自己的路。就像激流“向着唯一的海流去”，作者也凭着“对于生活的信仰”活下去，在总序的最后作者表达了这种期待和决心：“我知道生活的激流是不会停止的，且看它把我载到什么地方去！”可见，短短的《激流》总序不是一般序文，它是青年巴金的一篇激情的演说、人生的宣言！

附：

《激流》总序

巴　金

几年前我流了眼泪读完托尔斯泰的小说《复活》，在扉页上写了一句话：“生活本身就是一个悲剧。”

事实并不是这样。生活并不是一个悲剧。它是一个“搏斗”。我们生活来做什么？或者说我们为什么要有这生命？罗曼·罗兰的回答是“为的是来征服它”。我认为他说得不错。

我有了生命以来，在这个世界上虽然仅仅经历了二十几个寒暑，但是这短短的时期也并不是白白度过的。这其间我也曾看见了不少的东西，知道了不少的事情。我的周围是无边的黑暗，但是我并不孤独，并不绝望。我无论在什么地方总看见那一股生活的激流在动荡，在创造它自己的道路，通过乱山碎石中间。

这激流永远动荡着，并不曾有一个时候停止过，而且它也不能够停止；没有什么东西可以阻止它。在它的途中，它也曾发射出种种的水花，这里面有爱，有恨，有欢乐，也有痛苦。这一切造成了奔腾的一股激流，具有排山之势，向着唯一的海流去。这唯一的海是什么，而且什么时候它才可以流到这海里，就没有人能够确定地知道了。

我跟所有其余的人一样，生活在这世界上，是为着来征服生活。我也曾参加在这个“搏斗”里面。我有我的爱，有我的恨，有我的欢乐，也有我的痛苦。但是我并没有失去我的信仰：对于生活的信仰。我的生活还不会结束，我也不知道在前面还有什么东西等着我。然而我对于将来却也有一点概念。因为过去并不是一个沉默的哑子，它会告诉我们一些事情。

在这里我所要展开给读者看的乃是过去十多年生活的一

幅图画。自然这里只有生活的一小部分，但已经可以看见那一股由爱与恨、欢乐与受苦所组织成的生活的激流是如何地在动荡了。我不是一个说教者，所以我不能够明确地指出一条路来，但是读者自己可以在里面去找它。

有人说过，路本没有，因为走的人多了，便成了一条路。又有人说路是有的，正因为有了路才有许多人走。谁是谁非，我不想判断。我还年轻，我还要活下去，我还要征服生活。我知道生活的激流是不会停止的，且看它把我载到什么地方去！

软弱之痛

觉新，是巴金笔下塑造最成功的一个主人公形象，也是“五四”前后，出身大家族的知识青年较普遍的典型之一。他是大家族的长房长子，封建礼教对他的约束特别严格，家族传承的担子压他也特别重。他虽然接触过“五四”新文化和新思想，对封建毒害有所认识，却无法摆脱封建家庭的威压；他可以帮助和支持弟弟觉民和觉慧反叛封建家庭，追求新的生活，出走上海，自己却始终在衰败没落的封建大家庭里，被套着孝子贤孙的紧箍咒，委曲求全地活着。

巴金先生除了从一系列家族兴衰的曲折去展示觉新的生活和性格之外，还从他情感的最深处——与梅表妹的恋情和与妻子瑞珏后来的浓情，作了深层的刻画。由于他的软弱，梅表妹终于嫁给他人，最后抑郁而死。他跟瑞珏成婚，彼此虽都是屈从“父母之命，媒妁之言”的封建婚姻，所幸彼此都有一颗善良的心，都需要对方的温暖、相互的厮守与体贴，终于产生了爱情之花，而且越开越艳，情感日浓，对逆来顺受、备受压抑的觉新来说，闺房之乐给了他莫大的人生安慰。然而，这一点最终也破灭了。

“瑞珏之死”这个部分非常细腻地描写了这个破灭的过程。那是高老太爷——觉新的祖父，被几个不争气的儿子（觉新的父亲早死，这里是指他的叔叔）气死的时候，家里大办丧事，根据封建迷信和礼法，孕妇不得在家生产。瑞珏第二个孩子要临产了，只好住到城外去。

瑞珏在城外的“新居”是间旧屋，交通不便，设施简陋。觉新因为事忙，直到第四天的午后三点多钟才赶去看她。以为只是暂时的生离，哪知道竟是死别！作者没有正面描写瑞珏之死的场景，因为作者设计这个情节，是深入地刻画觉新软弱的性格特点，揭示封建礼教杀人的淫威。临时产房一门之隔，瑞珏在里面阵痛，盼着叫着觉新来看她；觉新在外面着急，求着叫着张嫂要到瑞珏身边去。在令人扼腕中，看着巴金先生对觉新撕心裂肺的痛苦、愤怒与懊悔的描写。

觉新一来，就被张嫂拦住了：“大少爷，你进来不得！”软弱的他，“毫不反抗地缩回了那只脚”，这仅是个细小的初现动作，已经表现出他不敢越雷池一步的软弱，悲剧就在封建礼教的大背景下拉开了。虽然今天“他有一种奇怪的感觉”，一种不祥的预感，但还是用瑞珏生第一个孩子时的喜悦去希望她，也同时以之安慰自己。这只是软弱者的回忆与憧憬而已！或者说，这正是悲剧发生的幸福前奏，悲剧也将是更悲的了。

当瑞珏痛苦的喊声不仅“从窗里飞出来”，而且当“声音更凄厉了，几乎不像是人的叫声”时，他竟然“用手蒙住耳朵”，自欺欺人；虽然“疯狂似的”走近窗前去望，产房的窗当然是关着的，他只好“绝望地掉转了身子”，软弱到无可奈何了！即使张嫂开门去灶房取热水的大好机会，他也在“迟疑”和“心跳”中错过了，软弱进入了半麻木状态！“里面的怪叫声”又提醒他一定要进去，终于迫使他不顾一切地用力推门捶门，充满恐怖、痛苦和愤怒地大叫“放我进来”，但当张嫂回答他，“我不敢给你开门。太太、四太太、陈姨太她们都吩咐过的”，他记起了长辈们的叮嘱，立刻，“他的希望、他的勇气”全没了。

在觉新彻底的软弱中，情节进入了高潮。剧痛的瑞珏用悲惨的声音叫他，怨他，责备他，以至昏厥过去，他只是在门外嘶叫着安慰，死命地捶门。直到瑞珏由责问“为什么不来看我”到质问“为什么不来救我”，他也只是狂叫，求三妹淑华开门。这已近乎绝望了。

一声新生儿的洪亮哭声，似乎是闪出一点亮色，觉新在绝望里忽然得到了欣慰、轻松，甚至喜悦和感动，然而，这正是悲剧高潮即将落幕的雷声和闪电！瑞珏最后还是在痛苦的难产中死去，觉新连见她最后一面的机会都没有了。他永远失去了爱妻，没有一点做父亲的喜悦。巴金先生着力描写他软弱中的内心张力：他“决心要不顾一切地跑到里面去，跪倒在妻的床前”忏悔，并且豁然认识到“是整个制度，整个礼教，整个迷信”夺去了他的青春、幸福、前途和他最爱的两个女人！但是，他还是不敢越雷池一步，只能“跪倒在门前”！这时，他彻底地绝望了，软弱之痛也就深入到他的骨髓了。

附：

瑞珏之死（节选自《家》）

巴　金

四天后，觉新照常到瑞珏的新居去，这一天因为家里有事情他去得比往日迟一点，到了那里已经是午后三点多钟了。他走进院子，叫了一声“珏”，连忙向她的房间走去。他刚把一只脚放进门槛，便给人拦住了。肥胖的张嫂带着庄严的表情站在房门口，拦住他，不要他进去。她说：“大少爷，你进来不得！”她再没有第二句话。然而他已经懂得了。

他毫不反抗地缩回了那只脚，怅惘地在中间房里立了半晌。他忽然觉得有点紧张，就走到外面去了。接着砰的一声瑞珏的房门关上了。里面有脚步声，有陌生的女音在低声说话。

他立在窗下，望着小天井里的青草和野花出神。他有一种奇怪的感觉。这感觉究竟是苦是甜，是喜是悲，是愤怒或是满足，连他自己也说不出来，不过他觉得好像样样都有。几年以前他也曾有过跟这略略相似的感觉，但也只是略略相似而已，实际上却差了许多。他还记得在几年前，当他处在好像跟这相似而实际却跟这不同的情景里的时候，他曾经怀着感动的心情，流下喜悦的眼泪感谢她，照料她。他为她的挣扎而感到痛苦，他又为她给他带来的礼物而感到喜悦。他在旁边看见她经历了那一切而达到最后的胜利，他的心情也由紧张变到宽松，由痛苦变到喜悦。他看见了那个孩子，他的第一个孩子。他还记得他怎样从接生婆的手里接过了那个包裹在襁褓里的婴儿，带着感激与爱怜去吻那张红红的小脸，在心里宣誓要爱那个婴儿，要为婴儿牺牲一切，因为他已经把自己的生命寄托在那个初生孩子的身上了。他又走到妻的床前，看着妻的苍白的、疲倦的脸，摩抚她的一只手，低声问到她的健康，又从眼光里说出许多不能给别人听见的充满着感激与热爱的话。同样她也用得意与热爱的眼光看他，又看那个婴儿，又用感激的声音对他说：“我现在很好。你看，他不可爱吗？快给他起一个名字。”她的脸上是怎样地闪耀着喜悦的光辉，那种第一次做母亲的人的喜悦的光辉！

然而今天同样地她躺在床上，她开始在低声呻吟，房里有人在走动，有人严肃地低声说话。这一切似乎跟从前并没有不同，可是现在他和她却在这样的一个地方，而且两扇木板门隔开了他们，使他就在这一刻也不能够进去看她一眼，鼓舞她，安慰她，或者分担她的痛苦。现在他怀着一种跟从前完全两样的心情等待着将要发生的一切。他没有喜悦，没有满足，他只有恐怖，只有悔恨。他只有一个思想，这就是：

“我害了她。”

“少奶奶，你觉得怎样？”张嫂的声音在问。

接着是一阵严肃的沉默。

“哎哟！……哇……哎哟……我痛啊！”

忽然一阵痛苦的叫声从窗里飞出来，直往他的耳朵里钻。这一阵声音使他浑身发抖。他咬紧牙齿，捏紧拳头，极力在挣扎。他起初甚至想，“这不会是她的声音，她从来不曾有过这样大的声音。”然而房里除了她以外还有谁会发出这样的叫声呢？“一定是她，一定是珏，”他自语道。

“哇！……痛啊，……我痛啊！……哎哟！”声音更凄厉了，几乎不像是人的叫声。在房里，脚步声，人声，碗碟家具响动声跟这叫声响在一起。他用手蒙住耳朵，口里喃喃地自语：“一定不是她，一定不是珏。她不会叫得像这样。”他疯狂似地走近窗前伸长了颈项去望。可是窗户紧紧关着。他只能听见声音，他不能够看见里面的情形。他绝望地掉转了身子。

“少奶奶，你要忍住，过一会儿就好了，”一个陌生的女音在说。

“我痛啊！……哇！”又是一声怪叫。

“嫂嫂，你忍耐些，这不过是短痛，过一会儿就好了，”是淑华的声音。

叫声渐渐地低下去，后来房里只有微弱的呻吟。

忽然门开了。他转过身去望。张嫂从里面匆匆忙忙地跑出来，到灶房里去了一趟，又很快地捧了一盆热水走回去。他迟疑一下，便走进了中间屋子，眼睁睁地望着半掩的门，偶尔有一个人影在里面晃动，他的心跳得厉害，但是他还没有进去的念头。等到张嫂从另一间屋子走出来回到瑞珏的房里去时，他突然下了决心要跟着她进去。可是她一进屋就把房门关上了。

他推了几下门，里面没有一声回应。他绝望地放下手，正打算走出去，却又听见里面的怪叫声。他用力推门，他用力捶门。

“哪个？”房里有人在问，这是张嫂的声音。

“放我进来！”他叫道。声音里充满了恐怖、痛苦和愤怒。没有人答应，也没有人开门。他的妻还在大声叫痛。

“放我进来！张嫂，放我进来！”他愤怒地叫着，一面继续用拳头在门上捶。

“大少爷，你进来不得！我不敢给你开门。太太、四太太、陈姨太她们都吩咐过的！……”张嫂走到门口在里面大声说。

张嫂似乎还在说话，但是他已经不去听她了。他明白她的意思。他记起家里那些长辈们曾经对他说过的话。他的希望，他的勇气都给那些话赶走了。他绝望地立在门前，不能够说一句话来驳倒张嫂。

“大少爷呢？他在哪儿？”在房里瑞珏用悲惨的声音叫起来。“他为什么还不来看我？……张嫂，你去把大少爷请来！我痛啊！……哇！……”这个声音使得觉新连心都紧了。

“珏，我在这儿，我在这儿！珏，我来了！开门！快放我进来！她要见我！你们放我进来！”他忘了自己地狂叫着，他用了他所能够叫出的最大的声音。他又用拳头去捶门。

“明轩，你在哪儿？为什么我看不见你？……我痛啊！

你在哪儿？……你们为什么不让他进来？……哇！……”

“珏，我在这儿！我就进来！我要守住你！我不会离开你！……放我进来！你们放我进来！你们看她痛成这个样子，你们不可怜她吗？”他嘶声叫着，一面死命地捶着门。

房里静下来了。可是又起了一阵忙乱。有人在奔走，有人在呼唤。“嫂嫂！”“少奶奶！”这些声音响成了一片。他想她一定是昏厥过去了。他更紧张，他用最大的声音叫着：“珏，我在这儿！你听得见我的声音吗？”

房里的唤声停止了。仿佛瑞珏在说话，过后又是她的呻吟，声音非常微弱。

又过了一些时候。

“哇！我痛啊！……你们不来救我！……明轩，你在哪儿？你为什么也不来救我？……我痛啊！……”她又在里面怪声叫了。

“我在这儿！珏，我给你说我在这儿！我在这儿！珏，听见吗？……放我进来！……三妹，你是懂事的，你快给我开门！你放我进来吧！”他还在外面狂叫。

她的声音又停止了。房里没有人说话。忽然在严肃的静寂中，一个婴儿的哭声响了起来。是洪亮的啼声。

“谢天谢地！”他欣慰地说。他感到一阵轻松，好像心上的大石头已经撇开了。他想她的痛苦快要完了。

现在恐怖和痛苦都去远了。他又一次感到一种不能够用言语形容的喜悦。他的眼里充满了泪水。他感动地想道："我以后要加倍地爱她，看护她，也要爱这个孩子。"他一个人在房门外笑，又在房门外哭。

"嫂嫂！"过了好一会儿，忽然一个恐怖的叫声从房里飞奔出来，像一块巨石落到他的头上。

"她的手冷了！"这又是淑华的带哭的声音。

"少奶奶！"张嫂也开始叫了。

"嫂嫂！"和"少奶奶！"的声音又响成一片。在房里叫唤的只有两个人，因为除了接生婆以外就只有这两个人。竟然是如此凄凉！

觉新知道大祸临头了。他不敢多想。他又把拳头拼命地在门上擂，擂得门发出更大的响声。但是这也没有用。没有人理他。他嘶声叫着："珏！"又叫："放我进来！"然而两扇油漆脱落的木板门冷酷地遮住了房里的一切。它们拦住他，一点也不肯退让。它们甚至不让他救她，或者跟她见最后的一面。希望完全破灭了。

房里的女人开始哭起来。然而他还在门外叫："珏，我在喊你，你听得见吗？……"这不仅是哀号与狂叫，这还是生命的呼声，他把他的全量的爱都贯注在这里面，要把她从到另一世界的途中唤回来。他不仅是在挽救别人的生命，他还是在挽救他自己的生命。他明白，没有了她，他的生存是怎么一回事情。

但是死来了。

里面有人走近门前，他以为张嫂来开门了。谁知却是接生婆抱着新生的婴儿在门缝里传出话来："恭喜大少爷，是一位公子。"她说完就转身走开了。觉新还听到她一面拍着婴儿，一面自言自语："可惜生下来就没有娘了。"

这句话刺痛了他的心，他没有一点做父亲时的喜悦。这个孩子似乎并不是他的爱儿，却是他的仇人，夺去了他的妻子的生命的仇人。

愤怒和悲哀混合在一起，紧紧地抓住了他。他更厉害地捶着门。然而两扇小门如今好像有了千斤的重量。

他本来下了决心要不顾一切地跑到里面去，跪倒在妻的床前，向她忏悔他这几年来的错误，哀求她的最后的宽恕，可是已经迟了。两扇木板门是多么脆弱的东西，如今居然变成了专制的君主，它们拦住了最后的爱，不许他进去跟他所爱的人诀别，甚至不许他到她面前痛哭一场。

他突然明白了，这两扇小门并没有力量，真正夺去了他的妻子的还是另一种东西，是整个制度，整个礼教，整个迷信。这一切全压在他的肩上，把他压了这许多年，给他夺去了青春，夺去了幸福，夺去了前途，夺去了他所最爱的两个女人。他现在开始觉得这个担子太重了。他想把它摔掉。他在挣扎。然而同时他又明白他是不能够抵抗这一切的，他是一个无力的、懦弱的人。他绝望了。他突然跪倒在门前。他伤心地哭着。这个时候他不是在哭她，他是在哭自己。房里的哭声和他的哭声互相应和。但这是多么不同的两种声音！

两乘轿子在院子的门前停下来。进来的是他的继母周氏和一个女客。袁成气咻咻地跟在后面。

周氏一进门就听见哭声，她的脸色马上变了，惊惶地对那个女客说："完了！"她们连忙走进中间的屋子去。

"明轩，你在做什么？"周氏看见觉新跪在那里便吃惊地叫起来。

觉新回过头一看，马上站起来，摊开两只手抽泣地对周氏说："妈，珏，珏。"这时他才看见了那个女客，便用惭愧的悲痛的声音招呼她，给她行了礼，于是大声哭起来。从房里送出来一阵婴儿的啼声。

女客不说话，她只顾用手帕揩眼睛。

房门已经开了，是袁成叫开的。周氏让女客进去，一面说："亲家太太，请进去吧，我不能够进月房。"

女客答应一声便走进去了。接着房里又添了一种响亮的哭声：

"瑞珏，瑞珏，你就忍心这样去了？你不等看见妈一面吗？妈来了，妈从多远的路赶来照应你，妈有好多话要跟你讲。你有什么话，告诉我嘛！……瑞珏，你要活转来！妈来晏了，你为什么连一天也不肯多等？……你死得好惨呀！我苦命的儿！看你一个人在这儿冷清清的。要是我早来一天，你也不会死得这样可怜。……我的儿，我苦命的儿呀！妈对不起你……”

周氏和觉新清清楚楚地听见了这些话，它们好像是许多根针，一针一针地刺在他们的心上。

真话真情

巴金先生在谈到写《家》的初衷时说："也只是为了向腐朽的封建制度提出控诉，替横遭摧残的年轻生命鸣冤叫屈。"因而，小说中那些悲剧情节的设置和描写，一个个人物的悲惨结局，都表达了作者的真话真情。然而，巴金先生后来有好长一段时间很难说真话、抒真情了。不过，一个伟大的作家是社会的良知，是人民的代言人，始终保有一颗善良的心。经过十年"文革"，巴金先生彻底醒悟了："剥夺了人权在牛棚里住过十年之后，才想起自己是个人。"他又从卢梭的《忏悔录》里重新学到了诚实，重新找回了理想。这使他无比激动："光辉的理想，像明净的水一样，洗去我心灵上的尘垢，我心里又燃起了热爱生活，热爱光明的火！"获得了创作新生的他，虽然年过七十，健康不佳，却以顽强的毅力，花了八年的时间，在香港《大公报》上开辟"随想录"专栏，陆续写了一百五十篇随笔，并相继结集出版：《随想录》、《探索集》、《真话集》、《病中集》、《无题集》，后总题为《随想录》。巴金先生在序里说：“我不会忘记自己是一个人，也下定决心不再变为兽，无论谁拿着鞭子在我背上鞭打，我也不再进入梦乡，当然，我也不再相信梦话！没有神，没有兽，大家都是人。”人话就是真话，人情就是真情。也正因为如此，《随想录》在巴金先生六十年的创作生涯里，成了第二座高峰，得到了海内外的一致好评，甚至，有人把它跟鲁迅最后十年的杂文集相提并论。

在《真话集》的后记里，巴金先生郑重而诙谐地提出了“真话”的议题。其时正是一石激起千层浪，巴老的随笔篇篇讲真话、抒真情，公众感奋，也有人议论纷纷。巴老特将本辑随笔提名为“真话集”，既是大力提倡讲真话的意思，更是针对讲真话难的种种“议论”，给以“真话”的批评。特别是针对“真话”是“发牢骚”，“让它们自生自灭”的说法，巴老深知这种说法来自权力层，便毫不客气地嘲讽其“聪明”，并承伸其意，形象地描绘了“有时刮起大风”，落叶“都给人扫到土沟里去了”的情景。聪明人秋后算账的阴险，就这样轻描淡写地被揭露了。紧接着，巴老绝不“谦虚”地严正地指出，文章的命运不是某个人说了算，而是取决于广大读者，“倘使读者讨厌它们，那么不等大风起来，它们早已给扔进垃圾箱去了”，这是何等地坦诚和自信！聪明人想来一场大风扫落叶，不就“机关算尽”么，真是自讨没趣！

批评过了，破而后立，巴老为“讲真话”声明，以正视听：不过是“把心交给读者”，讲自己心里的话，讲自己相信的话，讲自己思考过的话。以此为准衡量自己：我的真话不仅不等于真理，不一定正确，甚至，犯过错误，受过欺骗，讲过假话，做过美梦和噩梦，有过不眠之夜。这样严格解剖自己，毫不留情，坦然，诚然！而这些随笔，是我人生脚印的“痕迹”，谁都“不能将它们一下子涂掉”。绝无偏袒，义正词严。

《真话集》后记附录的《小狗包弟》，是收集在《探索集》里的一篇随笔，总题《随感录》里的文章，都是真话，《小狗包弟》亦是明证。狗通人性，艺术家被批斗游街时，“认识的人看见半死不活的他都掉开头去”，只有他养的小狗，跟他亲热，舔他的伤口，抚摸他的断腿。于是，小狗也被打坏了，从此什么也不吃，“哀叫了三天就死了”。“文革”何其残酷，不仅整人，而且整狗！一条有情有义的小狗殉主了，令人扼腕！这是文章的起兴，由此想起包弟。包弟是一条日本种的黄毛小狗，在巴金先生家待了七年，它有一种本领：有什么要求时就立起身子，把两只前脚并在一起不停地作揖。“有时我们在客厅里接待客人或者同老朋友聊天，它会进来作几个揖，讨糖果吃，引起客人发笑。”多可爱的小狗，多么讨人喜欢啊！巴金夫人萧珊也喜欢包弟，小别归来，包弟看到女主人会不住地摇头摆尾，异常高兴亲热。可是“红卫兵”扫“四旧”时，扬言要杀小狗，巴金一家反复商量，迫不得已，最后只好把包弟送到医院去。这当然很残酷，事后，巴金先生解剖自己说：“不能保护一条小狗，我感到羞耻；为了想保全自己，我把包弟送到解剖桌上，我瞧不起自己，我不能原谅自己！我就这样可耻地开始了十年浩劫中逆来顺受的苦难生活。”于是，巴老怀念包弟，劫后要还这笔心灵上的欠债，要对包弟“表示歉意”！由此观之，《真话集》后记难道不是一篇讲真话的宣言，《小狗包弟》难道不是一个讲真话的明证么？

附：

《随想录》序

巴　金

我明明记得我曾经由人变兽，有人告诉我这不过是十年一梦。还会再做梦吗？为什么不会呢？我的心还在发痛，它还在出血。但是我不要再做梦了。我不会忘记自己是一个人，也下定决心不再变为兽，无论谁拿着鞭子在我背上鞭打，我也不再进入梦乡。当然我也不再相信梦话！

没有神，也就没有兽。大家都是人。

《真话集》后记

《随想录》第三集编成，收《随想》三十篇，我也给这一集起了一个名字：《真话》。

近两年来我写了几篇提倡讲真话的文章，也曾引起不同的议论。有人怀疑“讲真话”是不是可能。有人认为我所谓“真话”不一定就是真话。又有人说，跟着上级讲，跟着人家讲，就是讲真话。还有人虽不明说，却有这样的看法：“他在发牢骚，不用理它们，让它们自生自灭吧。”

我钦佩最后那种说法。让一切胡言乱语自生自灭的确是聪明的办法。我家里有一块草地，上面常有落叶，有时刮起大风，广玉兰的大片落叶仿佛要“飞满天”。风一停，落叶一片也看不见，都给人扫到土沟里去了。以后我到草地上散步也就忘记了有过落叶的事。

我一向承认谦虚是美德。然而我决不愿意看见我的文章成为落叶给扫进土沟里去。但是文章的命运也不能由我自己来决定。读者有读者的看法。倘使读者讨厌它们，那么不等大风起来，它们早已给扔进垃圾箱去了。

我也曾一再声明：我所谓“讲真话”不过是“把心交

给读者”，讲自己心里的话，讲自己相信的话，讲自己思考过的话。我从未说，也不想说，我的“真话”就是“真理”。我也不认为我讲话、写文章经常“正确”。刚好相反，七八十年中间我犯过多少错误，受到多少欺骗。别人欺骗过我，自己的感情也欺骗过我。不用说，我讲过假话。我做过不少美梦，也做过不少噩梦，我也有过不眠的长夜。在长长的人生道路上我留下了很多的脚印。

我的《文集》，我的《选集》，都是我的脚印。我无法揩掉这些过去的痕迹，别人也不能将它们一下子涂掉。

我的生命并未结束，我还要继续向前。现在我的脑子反而比以前清楚，对过去走过的路也看得比较明白。是真是假，是正是错，文章俱在，无法逃罪，只好让后世的读者口诛笔伐了。但只要一息尚存，我还有感受，还能思考，还有是非观念，就要讲话。为了证明人还活着，我也要讲话。讲什么？还是讲真话。

真话毕竟是存在的。讲真话也并不难。我想起了安徒生的有名的童话《皇帝的新衣》。大家都说：“皇帝陛下的新衣真漂亮。”只有一个小孩子讲出真话来：“他什么衣服也没有穿。”

早在一八三七年丹麦作家汉斯·安徒生就提倡讲真话了。

小狗包弟

一个多月前，我还在北京，听人讲起一位艺术家的事情，我记得其中一个故事是讲艺术家和狗的。据说艺术家住在一个不太大的城市里，隔壁人家养了小狗，它和艺术家相处很好，艺术家常常用吃的东西款待它。“文革”期间，城里发生了从未见过的武斗，艺术家害怕起来，就逃到别处躲了一段时期。后来他回来了，大概是给人揪回来的，说他“里通外国”，是个反革命，批他，斗他，他不承认，就痛打，拳打脚踢，棍棒齐下，不但头破血流，一条腿也给打断了。批斗结束，他走不动，让专政队拖着他游街示众，衣服撕破了，满身是血和泥土，口里发出呻唤。认识的人看见半死不活的他都掉开头去。忽然一只小狗从人丛中跑出来，非常高兴地朝着他奔去。它亲热地叫着，扑到他跟前，到处闻闻，用舌头舐舐，用脚爪在他的身上抚摸。别人赶它走，用脚踢，拿棒打，都没有用，它一定要留在它的朋友的身边。最后专政队用大棒打断了小狗的后腿，它发出几声哀叫，痛苦地拖着伤残的身子走开了。地上添了血迹，艺术家的破衣上留下几处狗爪印。艺术家给关了几年才放出来，他的第一件事就是买几斤肉去看望那只小狗。邻居告诉他，那天狗给打坏以后，回到家里什么也不吃，哀叫了三天就死了。

听了这个故事，我又想起我曾经养过的那条小狗。是的，我也养过狗，那是一九五九年的事情，当时一位熟人给调到北京工作，要将全家迁去，想把他养的小狗送给我，因为我家里有一块草地，适合养狗的条件。我答应了，我的儿子也很高兴。狗来了，是一条日本种的黄毛小狗，干干净净，而且有一种本领：它有什么要求时就立起身子，把两只前脚并在一起不停地作揖。这本领不是我那位朋友训练出来的。它还有一位瑞典旧主人，关于他我毫无所知。他离开上海回国，把小狗送给接受房屋租赁权的人，小狗就归了我的朋友。小狗来的时候有一个外国名字，它的译音是“斯包弟”。我们简化了这个名字，就叫它做“包弟”。

包弟在我们家待了七年，同我们一家人处得很好。它不咬人，见到陌生人，在大门口吠一阵，我们一声叫唤，它就跑开了。夜晚篱笆外面人行道上常常有人走过，它听见某种声音就会朝着篱笆又跑又叫，叫声的确有点刺耳，但它也只是叫几声就安静了。它在院子里和草地上的时候多些，有时我们在客厅里接待客人或者同老朋友聊天，它会进来作几个揖，讨糖果吃，引起客人发笑。日本朋友对它更感兴趣，有一次大概在一九六三年或以后的夏天，一家日本通讯社到我家来拍电视片，就拍摄了包弟的镜头。又有一次日本作家由起女士访问上海，来我家做客，对日本产的包弟非常喜欢，她说她在东京家中也养了狗。两年以后，她再到北京参加亚非作家紧急会议，看见我她就问："您的小狗怎样？"听我说包弟很好，她笑了。

我的爱人萧珊也喜欢包弟。在三年困难时期，我们每次到文化俱乐部吃饭，她总要向服务员讨一点骨头回去喂包弟。一九六二年我们夫妇带着孩子在广州过了春节，回到上海，听妹妹们说，我们在广州的时候，睡房门紧闭，包弟每天清早守在房门口等候我们出来。它天天这样，从不厌倦。它看见我们回来，特别是看到萧珊，不住地摇头摆尾，那种高兴、亲热的样子，现在想起来我还很感动，我仿佛又听见由起女士的问话："您的小狗怎样？"

"您的小狗怎样？"倘使我能够再见到那位日本女作家，她一定会拿同样的一句话问我。她的关心是不会减少的。然而我已经没有小狗了。

一九六六年八月下旬红卫兵开始上街抄四旧的时候，包弟变成了我们家的一个大包袱，晚上附近的小孩时常打门大喊大嚷，说是要杀小狗。听见包弟尖声吠叫，我就胆战心惊，害怕这种叫声会把抄四旧的红卫兵引到我家里来。当时我已经处于半靠边的状态，傍晚我们在院子里乘凉，孩子们都劝我把包弟送走，我请我的大妹妹设法。可是在这时节谁愿意接受这样的礼物呢？据说只好送给医院由科研人员拿来做实验用，我们不愿意。以前看见包弟作揖，我就想笑，这些天我在机关学习后回家，包弟向我作揖讨东西吃，我却暗暗地流泪。

形势越来越紧。我们隔壁住着一位年老的工商业者，原先是某工厂的老板，住屋是他自己修建的，同我的院子只隔了一道竹篱。有人到他家去抄四旧了。隔壁人家的一动一静，我们听得清清楚楚，从篱笆缝里也看得见一些情况。这个晚上附近小孩几次打门捉小狗，幸而包弟不曾出来乱叫，也没有给捉了去。这是我六十多年来第一次看见抄家，人们拿着东西进进出出，一些人在大声叱骂，有人摔破坛坛罐罐。这情景实在可怕。十多天来我就睡不好觉，这一夜我想得更多，同萧珊谈起包弟的事情，我们最后决定把包弟送到医院去，交给我的大妹妹去办。

包弟送走后，我下班回家，听不见狗叫声，看不见包弟向我作揖、跟着我进屋，我反而感到轻松，真有一种甩掉包袱的感觉。但是在我吞了两片眠尔通、上床许久还不能入睡的时候，我不由自主地想到了包弟，想来想去，我又觉得我不但不曾甩掉什么，反而背上了更加沉重的包袱。在我眼前出现的不是摇头摆尾、连连作揖的小狗，而是躺在解剖桌上给割开肚皮的包弟。我再往下想，不仅是小狗包弟，连我自己也在受解剖。不能保护一条小狗，我感到羞耻；为了想保全自己，我把包弟送到解剖桌上，我瞧不起自己，我不能原谅自己！我就这样可耻地开始了十年浩劫中逆来顺受的苦难生活。一方面责备自己，另一方面又想保全自己，不要让一家人跟自己一起堕入地狱。我自己终于也变成了包弟，没有死在解剖桌上，倒是我的幸运。……

整整十三年零五个月过去了。我仍然住在这所楼房里，每天清早我在院子里散步，脚下是一片衰草，竹篱笆换成了无缝的砖墙。隔壁房屋里增加了几户新主人，高高墙壁上多开了两堵窗，有时倒下一点垃圾。当初刚搭起的葡萄架给虫蛀后早已塌下来扫掉，连葡萄藤也被挖走了。右面角上却添了一个大化粪池，是从紧靠着的五层楼公寓里迁过来的。少掉了好几株花，多了几棵不开花的树。我想念过去同我一起散步的人，在绿草如茵的时节，她常常弯着身子，或者坐在地上拔除杂草，在午饭前后她有时逗着包弟玩。……我好像做了一场大梦。满园的创伤使我的心仿佛又给放在油锅里熬煎。这样的熬煎是不会有终结的，除非我给自己过去十年的苦难生活作了总结，还清了心灵上的欠债。这决不是容易的事。那么我今后的日子不会是好过的吧。但是那十年我也活过来了。

即使在“说谎成风”的时期，人对自己也不会讲假话，何况在今天，我不怕大家嘲笑，我要说：我怀念包弟，我想向它表示歉意。

一九八〇年一月四日

读冰心

赤子之船

冰心女士是位世纪老人，她1900年出生，1999年逝世，活了整整九十九年，写作近八十年，可谓高寿多产。20世纪，风云变幻，动荡不安，多灾多难，世界打过两次大战；我们中国，经历了辛亥革命，抗日战争，历次政治运动和改革开放。真是世界和平难得，国内安定不多！冰心自幼是母亲的爱女，是五四运动的呼唤者，新思想的冲击，把她推上了写作的道路。

跟巴金先生一样，她早期作品也是描写“封建家庭对人性的摧残，面对新世界两代人的激烈冲突，以及军阀混战给人民带来的痛苦”。后来，她以女性的视角、爱的眼光看世界，深感“世界是和平的，人类是自由的，只有爱，只有互助，才能达到永久的安乐与和平”。八十年的创作实践，曲曲折折，甚至难免磕磕碰碰，她却始终坚持“爱在左，同情在右，走在生命路的两旁，随时撒种，随时开花，将这一径长路点缀得花香弥漫，使穿枝拂叶的行人，踏着荆棘，不觉痛苦，有泪可落，不觉是悲哀”。这是何等坚韧勇敢的真善美壮举啊！

因而，她把满腔的热情倾注于表现童真、母爱和大自然，写了大量的诗歌和散文。这些诗文，清新，晓畅，真挚，深沉；即使属于“儿童文学”作品，成人也会读得津津有味，因为它们触动的是人们最软的内心深处，一种纯净的温情便油然而生了。

说起冰心的诗，《繁星》、《春水》便叫人脱口而出了。当年，那确实是别具一格的新诗，轰动了整个文坛，还被誉之为“冰心体”。你听听：“母亲啊，撇开你的忧愁，容我在你的怀里，只有你是我灵魂的安顿！”“我们都是自然的婴儿，卧在宇宙的摇篮里。”“墙角的花，你孤芳自赏的时候，世界就变小了。”如此纯情隽永的诗，只有保持一颗赤子之心的人才写得出来！

《纸船》算比较长的一首。1923 年，冰心从燕京大学毕业，由上海乘约克逊号邮轮赴美留学。初次离家，告别了母亲，开始了万里航程。独处船舱，举目无亲，整日只见圆天盖着大海，浪涛托着孤舟，不免冷清寂寞，恋家思母，数日之后，竟然成疾，忽又梦母霍然而愈。这天正好是离家十天，思绪绵绵，念母切切，童心回归，于是，折纸船以寄母，含清泪而抒怀，写下了这首诗。

折纸船戏水，投进盆里溪里，是童年的趣事，也许，这折纸船就是母亲教的，陪自己玩的。如今，把一张张留着的纸，“叠成一只一只很小的船儿，从舟上抛进大海里”。可以想见，这时，冰心对母亲充满了感恩，跟母亲在一起的种种快乐，那种依偎，那种甜蜜，那种无忧无虑，都随着一只只小船的“叠成”，转换成对母亲深深的爱，沉甸甸地载满小纸船儿！

这个回到童真的行为，因为“纸船”的诗的意象不仅是诗人自己，而且，把读者也带入到曾经的童真而浮想联翩，从而产生强烈的共鸣。这时，抛下海的小纸船，已不仅承载着对母亲的爱，还承载着自己的诉说，除了诉说思念和孤独，还有对未来生活的无助和前途渺茫的忧虑，可谓悲从中来，愁绪万种！多么希望小纸船能漂流到母亲的身边去，然而，事与愿违，抛下的小纸船被海风乱吹，没有一只落到海里。可是，真挚和深沉的女儿心，是那么执拗与坚韧，“我仍是不灰心的每天的叠着”，那种无处可寄的爱，那种无处可诉的悲，与日俱增，希望与期待也就日见强烈了。虽然每次抛的纸船都没能到达海里，但她似乎坚信“有一只能流到我要它到的地方去”。

诗人用叠纸船和抛纸船两节实写，倾情地抒写了回归童真的对母亲的深爱和船中孤寂的愁绪；如果继续实写显然无从表达，因为纸船即使抛落海里也绝不可能“流到我要它到的地方去”，于是，山穷水尽疑无路，柳暗花明又一村，诗人让想象的翅膀飞向一个奇特的梦境，既不是自己的梦，也不是母亲的梦，而是自己“总希望……”想得太多太深，甚至，“求”小纸船归去，亦梦亦幻，浮现出的一个我希望母亲能做的梦：“母亲，倘若你梦中看见一只很小的白船儿，不要惊讶它无端入梦。”原来是个痴梦！情深入痴啊！如此虚写，峰回路转，开辟出一个新境界，越过“千山万水”的纸船，把离家远去留学女儿沉甸甸的“爱和悲哀”带到了！从此，这首《纸船》，就以它童真、母爱和大自然编织的童话诗境感动着一代又一代人！

附：

纸　船

——寄母亲　　　　冰　心

我从不肯妄弃一张纸，
总是留着——留着，
叠成一只只很小的船儿，
从舟上抛下在海里。

有的被天风吹卷到舟中的窗里，
有的被海浪打湿，沾在船头上。
我仍是不灰心的每天叠着，
总希望有一只能流到我要它到的地方去。
母亲，倘若你梦中看见一只很小的白船儿，
不要惊讶它无端入梦。
这是你至爱的女儿含着泪叠的，
万水千山，求它载着她的爱和悲哀归去。

笑的魅力

冰心女士的《笑》，是“冰心体”散文的代表作，也是中国现代文学史上散文之美文第一篇，发表于1921年1月《小说月报》第1号。一经发表，人们就争相传阅，社会反响热烈；并且，被多种教科书陆续编入课本。当年，尽管她只有21岁，还在燕京大学读书，然而，深厚的古典文学功底，新文学运动的浪潮，灵感闪现，精雕细刻，写出如此精致的散文小品，令人联想起海边最耀眼的那颗晶莹的鹅卵石。

这篇散文成名作，实在是文言文的深沉凝练跟白话文的浅显晓畅近乎完美的结合；甚至，还有西方文化的渗入！后来，冰心女士在谈创作时，提出“今文古文化，中文西文化”，由此，可以看到她成功地、里程碑式地尝试了。

在风雨如磐的中国，新文化运动前后的知识分子，为救中国，为振兴民族，为改造社会，在新旧思想的碰撞、中外文化的交集下，产生了许多新观念、新主义和新实践，“忽如一夜春风来，千树万树梨花开”——这不就是《笑》里的我，于“苦雨孤灯”的枯寂无出路之中，雨渐住了，推窗看到的景象么：“树上的残滴，映着月儿，好似萤光千点，闪闪烁烁地动着”，何等地惊喜啊！而“千树万树梨花”化成“萤光千点”，新得够神奇了，够贴切了；还无痕地西化，简直就像19世纪英国唯美主义大文豪王尔德的笔调！

这的确是“一幅清美的图画”。如果说鲁迅先生的《聪明人、傻子和奴才》，是用关在“铁屋子”里，象征黑暗的中国，那么，冰心女士在《笑》里，则是用开窗见美景，象征了希望的中国。真是美到极点，深到极点，给读者以无限的想象。

于是，作者把读者引进一个她特定的想象世界。那是她心目中的世界，心目中的中国、故乡和人。通过“忽然眼花缭乱”——实际上是读者无限想象的眼屏投影，用“一片幽辉”的“浸”作导向，把读者的视线轻轻地、柔柔地，十分自然地引到墙上，定格在画中的安琪儿上。安琪儿，是西方文化中的天使，这神的使者，原是带双翅的少女或小孩子；当时中国流行的是后者，被称之为“小天使”。一个活泼可爱的外国胖娃娃，人见人爱的。此处，还穿了白衣，“抱着花儿，扬着翅儿，向着我微微地笑”。这个象征着天真、纯洁和美丽的“小天使”，在当时人们的眼里，是天之骄子，爱的化身，传递着福音。因而，冰心笔下，他自由飞来，献花祝福，微笑甜甜，多么美好！这是“希望的中国”的光明使者啊！

冰心女士是新文化运动中，崭露头角的女作家第一人。她自己就是微笑看世界，微笑待人，充满了爱和温情的。画中的安琪儿，实是她心中的安琪儿，是她真善美的大爱的折射。“这笑容”，也就成为思维发散、联想频频的叠影蒙太奇，拉开了两次“心幕”。

一次是被安琪儿的微笑冲破的“严闭的心幕”，涌出五年前的印象：又是一个雨后，“我”骑着驴，走在长长的古道上，泥“兀自滑滑的”。这不是从“古道西风瘦马”演化出来的境界吗？但不像是秋天，应该是在春夏生长的季节，虽是古道，那景却是新的，因为雨，水涨起来了，“田沟里的水，潺潺地流着”；因为雨，村树不仅洗得更绿，还“都笼在湿烟里”，更妙的是，抬头竟有“弓儿似的新月，挂在树梢”。这近的、远的，天上的、地下的，清晰的、朦胧的，一切都是那么和谐，那么富有诗意！令人陶醉在美景之中，差一点错过了那个孩子，幸而“无意中”回头，才看清“他抱着花儿，赤着脚儿，向着我微微地笑着”。这可是这次印象点睛之笔：这是现实的安琪儿，这是咱们中国的安琪儿！美丽的景，只有这样天真纯朴的孩子在其中，才表现出新生的境界、新生的力量，这也就是中国的未来！

再一次是十年前的一个印象：途中遇雨了，雨好大！大雨冲刷出一片新土地；而前方，“月儿从海面上”升起来了，月光倾泻在这片新土地上，显然是借鉴了“海上生明月”。这迷人的雨后之夜！当新的一天来到会是怎样呢？在那个时代背景下多么令人神往和鼓舞啊！更加深刻而耐人寻味的是，回头看见的，竟是个倚门、抱花、微笑、似是在等或在迎儿孙的老妇人，亲切、仁厚、慈祥，这不是古朴中国的新形象么？这不是如海之深、如月之柔的爱之凝聚么？至此，三个笑，就从不同层面的爱升华至最高境界，“融化在爱的调和里”了。

附：

笑

冰　心

雨声渐渐的住了，窗帘后隐隐的透进清光来。推开窗户一看，呀！凉云散了，树叶上的残滴，映着月儿，好似萤光千点，闪闪烁烁的动着。——真没想到苦雨孤灯之后，会有这么一幅清美的图画！

凭窗站了一会儿，微微的觉得凉意侵人。转过身来，忽然眼花缭乱，屋子里的别的东西，都隐在光云里；一片幽辉，只浸着墙上画中的安琪儿。——这白衣的安琪儿，抱着花儿，扬着翅儿，向着我微微的笑。

“这笑容仿佛在哪儿看见过似的，什么时候，我曾……”我不知不觉的便坐在窗口下想，——默默的想。

严闭的心幕，慢慢的拉开了，涌出五年前的一个印象。——一条很长的古道。驴脚下的泥，兀自滑滑的。田沟里的水，潺潺的流着。近村的绿树，都笼在湿烟里。弓儿似的新月，挂在树梢。一边走着，似乎道旁有一个孩子，抱着一堆灿白的东西。驴儿过去了，无意中回头一看。——他抱着花儿，赤着脚儿，向着我微微的笑。

“这笑容又仿佛是哪儿看见过似的！”我仍是想——默默的想。

又现出一重心幕来，也慢慢的拉开了，涌出十年前的一个印象。——茅檐下的雨水，一滴一滴的落到衣上来。土阶边的水泡儿，泛来泛去的乱转。门前的麦垄和葡萄架子，都濯得新黄嫩绿的非常鲜丽。——一会儿好容易雨晴了，连忙走下坡儿去。迎头看见月儿从海面上来了，猛然记得有件东西忘下了，站住了，回过头来。这茅屋里的老妇人——她倚着门儿，抱着花儿，向着我微微的笑。

这同样微妙的神情，好似游丝一般，飘飘漾漾的合了拢来，绾在一起。

这时心下光明澄静，如登仙界，如归故乡。眼前浮现的三个笑容，一时融化在爱的调和里看不分明了。

读书之乐

冰心女士写《忆读书》时，已是九十高龄了。她在文中说："我永远感到读书是我生命中最大的快乐！"老人斯言，发自肺腑；她读书写作一辈子的实践，也完全足以证明。尽管如此，但一旦回忆起自己的读书史，竟情不自禁地觉得：这"最大的快乐"中，最宝贵、最基础的快乐，是少年儿童时期的读书！

俗话说"三岁看小，七岁看大"，一个孩子七岁时的行为习惯，可预见他的一生。据现代科学研究，人在十二岁以前读过背过的东西，可以终身不忘。冰心女士能够读书写作一辈子，卓著成效，实在得益于这段读书的黄金期养成的读书习惯和读过的经典名著。这也就是《忆读书》为什么主要写七岁写到十二三岁的读书情况。在"国际扫盲日"和"中国教师节"前夕，写这篇回忆文章则更有过来人的深层寄意：要重视少年儿童的读书，要培养少年儿童的读书习惯，要促进少年儿童读经典名著。

人们都熟悉这句话："兴趣是最好的老师。"但是，怎样激发和培养儿童的读书兴趣呢？冰心女士深情地怀念了舅父杨子敬先生，"每天晚饭后必给我们几个中表兄妹讲一段《三国演义》"。孩子眼里，世界是非常新奇的；孩子脑里，极善于发挥想象；孩子心里，又充满了认知的渴望。听故事，实在是未识字和识字还不多的孩子最好的启蒙教育，也是激发和培养儿童读书兴趣的最好方法。杨子敬先生是很懂得这个道理的，他的生动讲述，十分吸引孩子们，但每次只讲"半个钟头"，让孩子们"带着对于故事下文的无限悬念"去睡觉。这里用天真的细节作描述，"在母亲的催促下，含泪上床"，十分动人感人！

有了兴趣，读书就主动了，迫切了。"我决定咬了牙，拿起一本《三国演义》来，自己一知半解地读了下去。"这里，咬牙是决心，"一知半解"是实情；可贵的就是有决心，硬着头皮去读；一知半解不要紧，这一知半解就是基础阅读中的不求甚解，只要是兴趣中的记忆，随着识字量的增加，年龄的增长，从逐渐懂事，到阅历不断积累，不仅记忆会反刍，而且会温故知新，"越看越懂"起来。这道理文中也十分明显：冰心女士十二三岁读《红楼梦》，直到中年"才尝到'满纸荒唐言，一把辛酸泪'，一个朝代和家庭的兴亡盛衰的滋味"。小孩子当然不知道为什么，故而这里用了"居然”一词，表示意外的惊喜和收获。

显然，“懂”是有层次的。但不论是高层次的，还是低层次的，在读的过程中，都同时表现为两个方面：一是被感染，二是会批评。读到关羽死了，“我”是“哭了一场，把书丢下了”；读到诸葛亮死了，“我又哭了一场，又把书丢下了”。读到“林教头风雪山神庙”一回，“我”竟“气愤填胸”！而起先读《红楼梦》，“我”觉得贾宝玉“女声女气”、林黛玉“哭哭啼啼”，非常厌烦。这些都是被感染所致。读书就是要这样先要进得去，用心用情去看待书中人物的作为和命运，才能被感染；读书还要能出得来，就是说，读书入神，与书中的人物同呼吸、共命运的同时，还能保持冷静的头脑，边思考，边拿主见。这就是会批评了。冰心女士“尤其欣赏”《水浒传》，既好评其人物描写“栩栩如生”，又说“作者要凑成三十六天罡七十二地煞勉勉强强地写满了一百零八人的数目”；读《声声慢》，则说：“她那几个叠字‘寻寻觅觅，冷冷清清，凄凄惨惨戚戚……’写得十分动人，尤其是以‘寻寻觅觅’起头，描写尽了‘如有所失’的无聊情绪。”这些都是很坦率很中肯的读书批评。小孩子在啃大部头的古典文学名著时，能有如此的批评，不能不说是具有读书的好悟性和非凡的文学天赋！

少年儿童读书，主要是认知的积累和文化的积淀，潜移默化地提高做人做事的认识和修养，使身心健康成长。自然，读跟写总是相关的，特别是短篇更有利于写作借鉴，读也就直接促进作文水平的提高了。因而，冰心女士说“从读书中我还懂得了做人处世的‘独立思考’的大道理”，读《聊斋》“对于我的作文课很有帮助”，作文还得到老师“柳州风骨，长吉清才”的褒评哩。

随着读书渐多，读书的经验也多了，就会知道并非开卷都有益，古今中外的书，浩如烟海，必须善于挑选。冰心女士的题词“读书好，多读书，读好书”也就不径而走了。

附：

忆读书

冰　心

一谈到读书，我的话就多了！

我自从会认字后不到几年，就开始读书。倒不是4岁时读母亲教给我的商务印书馆出版的国文教科书第一册的“天，地，日，月，山，水，土，木”以后的那几册，而是7岁时开始自己读的“话说天下大势，分久必合，合久必分……”的《三国演义》。

那时我的舅父杨子敬先生每天晚饭后必给我们几个表兄妹讲一段《三国演义》，我听得津津有味，什么“宴桃园豪杰三结义，斩黄巾英雄首立功”，真是好听极了，但是他讲了半个钟头，就停下去干他的公事了。我只好带着对于故事下文的无限悬念，在母亲的催促下，含泪上床。

此后我决定咬了牙拿起一本《三国演义》来，自己一知半解地读了下去，居然越看越懂，虽然字音都读得不对，比如把“凯”念作“岂”，把“诸”念作“者”之类，因为就只学过那个字一半部分。

谈到《三国演义》我第一次读到关羽死了，哭了一场，便把书丢下了。第二次再读时，到诸葛亮死了，又哭了一场，又把书丢下了，最后忘了是什么时候才把全书读到分久必合的结局。

这时就同时还看了母亲针线笸箩里常放着的那几本《聊斋志异》，聊斋故事是短篇的，可以随时拿起放下，又是文言的，这对于我的作文课很有帮助。时为我的作文老师曾在我的作文本上，批着“柳州风骨，长吉清才”的句子，其实我那时还没有读过柳宗元和李贺的文章，只因那时的作文，都是用文言写的。

因为看《三国演义》引起了我对章回小说的兴趣，对于那部述说“官逼民反”的《水浒传》大加欣赏。那部书里着力描写的人物，如林冲——林教头风雪山神庙一回，看了使我气愤填胸！武松、鲁智深等人，都有其自己极其生动的风格，虽然因为作者要凑成三十六天罡七十二地煞勉勉强强地满了一百零八人的数目，我觉得也比没有人物个性的《荡寇志》强多了。《精忠说岳》并没有给我留下太大的印象，虽然岳飞是我从小就崇拜的最伟大的爱国英雄。在此顺便说一句，我酷爱古典诗词，但能够从头背到底的，只有岳武穆的《满江红》“怒发冲冠”那一首，还有就是李易安的《声声慢》，她那几个叠字：“寻寻觅觅，冷冷清清，凄凄惨惨戚戚……”写得十分动人，尤其是以“寻寻觅觅”起头，描写尽了“若有所失”的无聊情绪。到我11岁时，回到故乡的福州，在我祖父的书桌上看到了林琴南老先生送给他的《茶花女遗事》，使我对于林译外国小说，有了广泛的兴趣，那时只要我手里有几角钱，就请人去买林译小说来看，这又使我知道了许多外国的人情世故。

《红楼梦》是在我十二三岁时候看的，起初我对它的兴趣并不大，贾宝玉女声女气，林黛玉的哭哭啼啼都使我厌烦，还是到了中年以后，再拿起这部书看时，才尝到“满纸荒唐言，一把辛酸泪”，一个朝代和家庭的兴亡盛衰的滋味。

总而言之，统而言之，我这一辈子读到的中外的文艺作品，不能算太少。我永远感到读书是我生命中最大的快乐！

从读书中我还得到了做人处世的“独立思考”的大道理，这都是从“修身”课本中所得不到的。

我自1986年到日本访问回来后即因伤腿，闭门不出，“行万里路”做不到了，“读万卷书”更是我唯一的消遣。我每天都会得到许多书刊，知道了许多事情，也认识了许多人物。同时，书看多了，我也会挑选，比较。比如说看了精彩的《西游记》就会丢下烦琐的《封神传》，看了人物栩栩如生的《水浒传》就不会看索然乏味的《荡寇志》，等等。对于现代的文艺作品，那些写得朦朦胧胧的，堆砌了许多华丽的词句的，无病而呻吟，自作多情的风花雪月的文字，我一看就从脑中抹去，但是那些满带着真情实感，十分质朴浅显的篇章，哪怕只有几百上千字，也往往使我心动神移，不能自已！

书看多了，从中也得到一个体会，物怕比，人怕比，书也怕比，“不比不知道，一比吓一跳”。

因此，有某年的六一国际儿童节，有个儿童刊物要我给儿童写几句指导读书的话，我只写了九个字，就是：

读书好，多读书，读好书。

读老舍

思乡之切

老舍是我国现代文学史上极富盛誉的大作家，1980年初，著名美学家朱光潜先生就说过：“据我接触到的世界文学情报，目前，全世界得到公认的中国新文学家，也只有沈从文与老舍。”此话确实不虚。2008年，法国作家勒·克莱齐奥荣获诺贝尔文学奖，首访我国，发表感想时说：“我发现老舍小说的深度、激情和幽默，都是世界性的，超越国界的。”这样的崇敬评价，出自一位外国诺奖得主之口，也印证了朱光潜先生的文学情报。有句很朴素也很深刻的话：越是民族的，越是世界的。老舍是土生土长的老北京，又曾在英美名校任教过，他熟悉北京，了解北京，也广泛阅读过西方作品，更懂得什么是民族的和世界的。他的作品，展示出地道的北京风情，充满一股骨子里的北京情结，洋溢着浓郁的北京味儿。那语言的质朴与幽默，可以打动每一个中外读者！

一位北京的老朋友，曾亲耳听到过老舍先生讲话，他告诉我，那一口京腔普通话不仅好听，记下来就是一篇晓畅明白的散文哩。这令我想起老舍先生的“写话”之说：写文章没有什么神秘，想说什么写下来就是了。这就叫出口成章，落笔成文，简言之，作文即“写话”也。这是解放思想、实话实写的平民写作理论。不过，各人的想和说不一样，写出来的文章也就各不相同了。因而，也就有文如其人之说了。

老舍先生的写作真是文如其人的。不管是长篇巨制，还是短章小品，他都是真心实意、聚精会神、字斟句酌下功夫的。《想北平》只是1680字的散文，读起来令人神往，令人心醉，字字句句，如嚼一枚青橄榄，有不断的津津回味。但也许是老舍先生花上半天或一个晚上才写出来的，因为舒乙（老舍之公子）说过，老舍先生写作其实非常艰苦，一上午可能只得1500字。《想北平》写于1936年，那年，老舍先生在济南教书。那时，北京叫北平，日寇侵略已甚嚣尘上，华北危急！北平危急！《想北平》抒发的思乡之情就深具特殊的意义了。

文章写的是“我的北平”，这仅仅是“大概等于牛的一毛”的北平。但是，因为“我真爱北平”，所以真想北平了。这“牛的一毛”的北平，已经令“我”爱得无法形容，“几乎是要说而说不出的”深情！像爱自己的母亲一样，“只有独自微笑或落泪才足以把内心揭露在外面一些来”。这就是没法形容的最传神的形容！想为母亲做件讨她喜欢的事是爱，想到母亲的健康而不放心也是爱，一喜一悲，悲喜都是爱之切啊！

像自己的身体来自母亲一样，“我的最初的知识与印象都得自北平，它是在我的血里，我的性格与脾气里有许多是这古城所赐给的”，因此，这故乡，这古城，就是美丽而温柔的母亲，它的关怀无微不至，它的教育潜移默化，“整个儿与我的心灵相黏合”了。“黏合”的程度，范围和状态怎样从爱之切的角度去表达呢？老舍先生极高明地用两个细节凸显出来，“从雨后什刹海的蜻蜓一直到我梦里的玉泉山的塔影，都积凑到一块，每一小的事件中有个我，我的每一思念中有个北平”。多么富于北京风情的诗情画意，以小见大，概括了整个“我的北平”，又念念至深，表现了“我真爱北平”的“说不出”。

于是，国内的上海与天津，国外的“伦敦，巴黎，罗马与堪司坦丁堡”，这些名城名都，全在“我的北平”中失去了吸引力。巴黎，那是世界的时尚之都，欧洲的文化古城，首屈一指的魅力城市，老舍先生写道，“假使让我家住巴黎”，跟北平一比，就差远了，“我一定会和没有家一样的感到寂苦”。巴黎太热闹，寂静的地方又太旷；北平则是动中有静，有美的生活、美的风景和美的蔬菜瓜果，令人乐不思其他。

北平是那么古朴、自然，那么闲适、温馨。可以面向清水潭，背后是老城墙，“坐在石上看水中的小蝌蚪或苇叶上的嫩蜻蜓”，那感觉就“像小儿安睡在摇篮里”！如果坐在胡同的院子里，喝着香片茶，看一眼种的花花草草，抬头远望那城楼，那牌楼；如果再采菊东篱下，还可以悠然见西山北山呢。这可真叫“享受一点清福了”。如此北平，谁比得了呢，怪不得老舍先生要从心底里赞北平一声“天下第一”！情到深处，“要落泪了，真想念北平呀！”这文章结尾的深层意味是：如今的北平呀，我要像看到即将受蹂躏的母亲那样，保护您，捍卫您！

附：

想北平

老　舍

设若让我写一本小说，以北平作背景，我不至于害怕，因为我可以捡着我知道的写，而躲开我所不知道的。但要让我把北平一一道来，我没办法。北平的地方那么大，事情那么多，我知道的真是太少了，虽然我生在那里，一直到廿七岁才离开。以名胜说，我没到过陶然亭，这多可笑！以此类推，我所知道的那点只是“我的北平”，而我的北平大概等于牛的一毛。

可是，我真爱北平。这个爱几乎是要说而说不出的。我爱我的母亲。怎样爱？我说不出。在我想做一件讨她老人家喜欢的事情的时候，我独自微微的笑着；在我想到她的健康而不放心的时候，我欲落泪。语言是不够表现我的心情的，只有独自微笑或落泪才足以把内心揭露在外面一些来。我之爱北平也近乎这个。夸奖这个古城的某一点是容易的，可是那就把北平看得太小了。我所爱的北平不是枝枝节节的一些什么，而是整个儿与我的心灵相黏合的一段历史，一大块地方，多少风景名胜，从雨后什刹海的蜻蜓一直到我梦里的玉泉山的塔影，都积凑到一块，每一小的事件中有个我，我的每一思念中有个北平，这只有说不出而已。

真愿成为诗人，把一切好听好看的字都浸在自己的心血里，像杜鹃似的啼出北平的俊伟。啊！我不是诗人！我将永远道不出我的爱，一种像由音乐与图画所引起的爱。这不但辜负了北平，也对不住我自己，因为我的最初的知识与印象都得自北平，它是在我的血里，我的性格与脾气里有许多地方是这古城所赐给的。我不能爱上海与天津，因为我心中有个北平。可是我说不出来！

伦敦，巴黎，罗马与堪司坦丁堡，曾被称为欧洲的四大“历史的都城”。我知道一些伦敦的情形；巴黎与罗马只是到过而已；堪司坦丁堡根本没有去过。就伦敦、巴黎、罗马来说，巴黎更近似北平——虽然“近似”两字要拉扯得很远——不过，假使让我“家住巴黎”，我一定会和没有家一样的感到寂苦。巴黎，据我看，还太热闹。自然，那里也有空旷静寂的地方，可是又未免太旷；不像北平那样既复杂而又有个边际，使我能摸着——那长着红酸枣的老城墙！面向着积水滩，背后是城墙，坐在石上看水中的小蝌蚪或苇叶上的嫩蜻蜓，我可以快乐的坐一天，心中完全安适，无所求也无可怕，像小儿安睡在摇篮里。是的，北平也有热闹的地方，但是它和太极拳相似，动中有静。巴黎有许多地方使人疲乏，所以咖啡与酒是必要的，以便刺激；在北平，有温和的香片茶就够了。

论说巴黎的布置已比伦敦罗马匀调得多了，可是比上北平还差点事儿。北平在人为之中显出自然，几乎是什么地方既不挤得慌，又不太僻静：最小的胡同里的房子也有院子与树；最空旷的地方也离买卖街与住宅区不远。这种分配法可以算——在我的经验中——天下第一了。北平的好处不在处处设备得完全，而在它处处有空儿，可以使人自由的喘气；不在有好些美丽的建筑，而在建筑的四周都有空闲的地方，使它们成为美景。每一个城楼，每一个牌楼，都可以从老远就看见。况且在街上还可以看见北山与西山呢！

好学的，爱古物的，人们自然喜欢北平，因为这里书多古物多。我不好学，也没钱买古物。对于物质上，我却喜爱北平的花多菜多果子多。花草是种费钱的玩艺，可是此地的“草花儿”很便宜，而且家家有院子，可以花不多的钱而种一院子花，即使算不了什么，可是到底可爱呀。墙上的牵牛，墙根的靠山竹与草茉莉，是多么省钱省事而也足以招来蝴蝶呀！至于青菜，白菜，扁豆，毛豆角，黄瓜，菠菜等等，大多数是直接由城外担来而送到家门口的。雨后，韭菜叶上还往往带着雨时溅起的泥点。青菜摊子上的红红绿绿几乎有诗似的美丽。果子有不少是由西山与北山来的，西山的沙果，海棠，北山的黑枣，柿子，进了城还带着一层白霜儿呀！哼，美国的橘子包着纸，遇到北平的带霜儿的玉李，还不愧杀！

是的，北平是个都城，而能有好多自己产生的花，菜，水果，这就使人更接近了自然。从它里面说，它没有像伦敦的那些成天冒烟的工厂；从外面说，它紧连着园林，菜圃与农村。采菊东篱下，在这里，确是可以悠然见南山的；大概把“南”字变个“西”或“北”，也没有多少了不得的吧。像我这样的一个贫寒的人，或者只有在北平能享受一点清福了。

好，不再说了吧；要落泪了，真想念北平呀！

入画之道

老舍先生在写了《想北平》之后，经过十四年的漫长的辗转岁月，终于响应建设新中国的号召，满腔热情、满怀希望地从美国回来了。这时，“北平”又改称“北京”了。回到了魂牵梦绕的故乡、新都，他满眼新鲜，激动地写下了《我热爱新北京》，歌颂北京的新变化、新气象。不久，就写出了话剧《龙须沟》，并由此而获得“人民艺术家”的光荣称号。十四年前的“思乡之切”，得以梦圆，落到了实处。

不过，在老舍先生的心灵深处，还有“第二故乡”——济南。从 1930 年夏天开始，老舍从英国经新加坡回国，应聘到山东教书，在山东生活了七年；先在济南齐鲁大学，后在青岛山东大学。教学之余，他对着山清水秀，有着千佛山、大明湖和七十二泉的济南古城，特别钟情，处处欣赏，陶醉其中。兴致所至，写下了一系列情深意远的散文。其中《济南的冬天》是很具代表性的名篇。

《济南的冬天》节选自老舍先生的《一些印象》。这是个长篇系列散文，包括“济南的马车”、“济南的伪洋车”、“济南的大葱”、“济南的秋天”、“济南的冬天”、“济大的校园”和结束语等部分。从不同的观察角度，极细致、极富特色地描写了济南的风土人情和自己的深切感受。他还特别推崇和赞美济南的秋天和冬天，在另一篇散文《春风》里写道：“上帝把夏天的艺术赐给瑞士，把春天赐给西湖，秋天和冬天赐给了济南。”因此，在老舍先生的心目中，济南的冬天是世界上最美的冬天，是上帝赐予的“冬天的艺术”！

我想，当年老舍先生行走在济南的时候，定然有“身在画图中”的感觉，于是，纵目骋怀，心弦错杂。归寓展纸，字斟句酌，酿成一篇篇佳篇。老舍先生像是最高明的丹青圣手，在《济南的冬天》中，把山山水水，提炼成典型图画，或工笔，或泼墨；或彩绘，或水墨，都极其传神！因而，我们读它，也被老舍先生带入画图中去欣赏“冬天的艺术”了。

济南冬天的特点是“温晴”，没有北平的风、伦敦的雾、热带的日头毒，“真得算个宝地”。老舍笔下描绘的就是这“宝地”的系列画。

第一幅画是“阳光下的老城”。这是作者叫你“闭上眼睛想”的名儿。老城的山山水水，“全在天底下晒着阳光”，而“把济南围了个圈儿，只有北边缺着点口儿”的小山，不就“好像是把济南放在一个小摇篮里”了么？多么“暖和舒适”呀，因而，老城冬眠了，像个熟睡的小婴儿，在做甜甜的梦，还“含笑”呢！作者的解说也是温馨而浪漫的：这幅画里的济南人，由天上看到山上，便幻想着：“明天也许就是春天了吧？这样的温暖，今天夜里山草也许就绿起来了吧？”这在北平可是无法想象的呀！

第二幅画是“小雪小山小村庄”。这“小”就包含了可爱的味儿。前幅画写了“小摇篮”、小婴儿，那是一种全景式的俯瞰，是抓住全城概貌特点的写意。这一幅画就用精致的工笔了，功夫全在一个“妙”字上。小山上的矮松竟然变成美女了，很奇特，很贴切，也很温柔，很秀气。你看，那矮松积雪，“树尖上顶着一髻儿白花，好像日本看护妇”。那个年代济南有日本护士，头戴白色护士帽，多为美丽温柔的女子，这一妙喻定下了美的笔意。于是，那一围儿山，就给蓝天镶上了“一道银边”；山坡的雪色和草色，便成了“一件带水纹的花衣”。更妙的是这花衣“好像被风儿吹动”，激起想见“山的肌肤”的美感……笔意至此，更似有神，把落日斜辉照薄雪，竟写成“忽然害了羞，微微露出点粉色”。这山就不仅美丽温柔，还带着娇羞哩！你说妙不妙？工笔细细描了，笔锋一转，像立即拉了一个远镜头，写山坡上的小村庄和更小的小房顶，用了个“卧”字，简直就是水墨画的点染了。

第三幅画是“水的神奇”。既然济南是“温晴”的，那遍布老城内外的湖水、泉水和河水，就美在不结冰。老舍先生别具慧眼，先是突出水中的绿萍和水藻，“把终年贮蓄的绿色全拿出来了”，这水当然很清，清得连垂柳还要“照个影儿”呢。于是，绿藻疏柳，相映成趣！然后，突发奇想，“澄清”的河水，竟变成了一块“空灵的蓝水晶”，把近的“红屋顶”、远的“黄草山”全包进这奇特的水晶里去了，成了别具一格的精美的艺术品了！

附：

济南的冬天

老　舍

对于一个在北平住惯的人，像我，冬天要是不刮风，便觉得是奇迹；济南的冬天是没有风声的。对于一个刚由伦敦回来的人，像我，冬天要能看得见日光，便觉得是怪事；济南的冬天是响晴的。自然，在热带的地方，日光是永远那么毒，响亮的天气，反有点叫人害怕。可是，在北中国的冬天，而能有温晴的天气，济南真得算个宝地。

设若单单是有阳光，那也算不了出奇。请闭上眼睛想：

一个老城，有山有水，全在天底下晒着阳光，暖和安适地睡着，只等春风来把它们唤醒，这是不是个理想的境界？小山整把济南围了个圈儿，只有北边缺着点口儿。这一圈小山在冬天特别可爱，好像是把济南放在一个小摇篮里，它们安静不动地低声地说："你们放心吧，这儿准保暖和。"真的，济南的人们在冬天是面上含笑的。他们一看那些小山，心中便觉得有了着落，有了依靠。他们由天上看到山上，便不知不觉地想起："明天也许就是春天了吧？这样的温暖，今天夜里山草也许就绿起来了吧？"就是这点幻想不能一时实现，他们也并不着急，因为有这样慈善的冬天，干啥还希望别的呢！

最妙的是下点小雪呀。看吧，山上的矮松越发的青黑，树尖上顶着一髻儿白花，好像日本看护妇。山尖全白了，给蓝天镶上一道银边。山坡上，有的地方雪厚点儿，有的地方草色还露着；这样，一道儿白，一道儿暗黄，给山们穿上一件带水纹的花衣；看着看着，这件花衣好像被风儿吹动，叫你希望看见一点更美的山的肌肤。等到快日落的时候，微黄的阳光斜射在山腰上，那点薄雪好像忽然害了羞，微微露出点粉色。就是下小雪吧，济南是受不住大雪的，那些小山太秀气！

古老的济南，城里那么狭窄，城外又那么宽敞，山坡上卧着些小村庄，小村庄的房顶上卧着点雪，对，这是张小水墨画，也许是唐代的名手画的吧。

那水呢，不但不结冰，倒反在绿萍上冒着点热气，水藻真绿，把终年贮蓄的绿色全拿出来了。天儿越晴，水藻越绿，就凭这些绿的精神，水也不忍得冻上，况且那些长枝的垂柳还要在水里照个影儿呢！看吧，由澄清的河水慢慢往上看吧，空中，半空中，天上，自上而下全是那么清亮，那么蓝汪汪的，整个的是块空灵的蓝水晶。这块水晶里，包着红屋顶，黄草山，像地毯上的小团花的小灰色树影。

这就是冬天的济南。

祥子之苦

《骆驼祥子》是老舍先生的成名作、代表作，也是我国现代文学史上的经典作品之一，1936年发表于《宇宙风》杂志。老舍的国际影响也始于这部小说。作为一个曾长期生活在社会底层的平民作家，他把深切的大杂院生活感受，用细腻的笔触，描写了北平一个人力车夫的奋斗史和堕落史，塑造出一个活生生的祥子形象。

人力车夫是旧社会苦力之一，今天只有在某些影视作品才能看到。那种城市旅游观光的豪华人力车已不属此列了。老舍先生在《骆驼祥子》第十八章里，十分具体地描写了祥子六月十五那天拉车的经过，十分典型地表现了人力车夫作为苦力职业之苦。祥子是个要强的身强力壮的人力车夫，如果那苦连祥子都受不了，那真是苦不堪言了！

那天"天热得发了狂"，太阳刚一出来，地上已经像是下了火。祥子"喝了瓢凉水"出车去。一到马路上，就明显地感到"老城像烧透的砖窑，使人喘不过气来"。柳树像病了，柏油路化开了，恶毒的灰沙烫人的脸。祥子“拉着空车走了几步，他觉出由脸到脚都被热气围着，连手背上都流了汗”，拉上买卖一跑，便喘不过气来，汗水湿透全身，“他的裤褂全裹在了身上”；即使跑进茶馆喝茶，“汗马上由身上出来，好像身上已是空膛，不会再藏储一点水分”，天气厉害到不允许任何人工作了！

可是，祥子不得不工作。他顶着白花花的烈日，低头拉车，昏昏沉沉，浑身汗馊臭，“脚心和鞋袜粘在一块，好像踩着块湿泥，非常的难过”。见了井就去喝井水，专为享受“那点凉气”，以至“像骡马似的喝完水肚子里光光光的响动”。尽管他又拉上个买卖，却想着若拉不下来，“一个跟头栽死在那发着火的地上也好”！多么悲惨啊！

没想到刚走了几步，起凉风了，柳条摇摆了，天暗起来了。一忽儿工夫，“黑云滚似的已遮黑半边天”，极亮极热的晴午忽然变成黑夜，狂风来了，柳枝横飞，再来几个闪电，便下起大雨来了。大雨点砸在祥子的背上，他只有哆嗦的份儿。很快就“只剩下直的雨道，扯天扯地的垂落”。于是，一个“白花花”的火世界，一下子变成了“白亮亮”的水世界了！祥子浑身的热粘汗也一下子冲光，变成一只湿淋淋的落汤鸡了！

这时候，祥子拉车苦到了极点。老舍先生着力地描写：

“祥子的衣服早已湿透，全身没有一点干松地方；隔着草帽，他的头发已经全湿。地上的水过了脚面，已经很难迈步；上面的雨直砸着他的头与背。横扫着他的脸，裹着他的裆。他不能抬头，不能睁眼，不能呼吸，不能迈步。他像要立定在水中，不知道哪是路，不晓得前后左右都有什么，只觉得透骨凉的水往身上各处浇。他什么也不知道了，只有心中茫茫的有点热气，耳旁有一片雨声。他要把车放下，但是不知放在哪里好。想跑，水裹住他的腿。他就那么半死半活的，低着头一步一步的往前曳。坐车的仿佛死在了车上，一声不出的任着车夫在水里挣命。”

这不是一般情况下、一般意义上的拉车，老舍先生极其沉痛地说，这是“在水里挣命”！

先描写祥子从头到脚的“湿”。写衣服湿透，当然是全身湿透；反之，写头发全湿，戴着的草帽也应又湿又重了。这种不舒服是让人难以忍受的，可是，祥子还要拉车！描写“拉”，可谓举步维艰，因为“水过了脚面”，脚下蹚水。拉车靠的就是双脚的奔跑，这就像突出一个特写镜头，让我们想见祥子那双无奈蹚水的脚；然后，镜头又转向祥子被雨砸的头与背，再突出两个特写镜头：雨扫的脸和雨裹的裆。进而描写祥子的感受：“不能抬头，不能睁眼，不能呼吸，不能迈步。”身强力壮的他，不久前被烈日烤干，此时又被暴雨浇透，身子不由虚弱起来了，几乎失去了一切知觉。雨水是“透骨凉”，“只有心中茫茫的有点热气”，已经处于“半死半活”的状态了，不要说跑，连走都不行，只能硬撑着“一步一步的往前曳”了。

祥子之苦，没人了解，没人同情，没人可怜。那坐车的沉重冷漠得像死人，祥子实在拉不动了，恳求“避避”雨再走，乘客竟跺着脚喊“快走”！祥子只好“咬上了牙”，把这家伙拉到目的地。当祥子回到家里时，即使烤火也“哆嗦得像风雨中的树叶”。终于，祥子病了。

附：

在烈日和暴雨下

老　舍

六月十五那天，天热得发了狂。太阳刚一出来，地上已经像下了火。一些似云非云似雾非雾的灰气低低地浮在空中，使人觉得憋气。一点风也没有。祥子在院子里看了看那灰红的天，喝了瓢凉水就走出去。

街上的柳树像病了似的，叶子挂着层灰土在枝上打着卷；枝条一动也懒得动，无精打采地低垂着。马路上一个水点也没有，干巴巴地发着白光。便道上尘土飞起多高，跟天上的灰气联接起来，结成一片毒恶的灰沙阵，烫着行人的脸。处处干燥，处处烫手，处处憋闷，整个老城像烧透了的砖窑，使人喘不过气来。狗趴在地上吐出红舌头，骡马的鼻孔张得特别大，小贩们不敢吆喝，柏油路晒化了，甚至于铺户门前的铜牌好像也要晒化。街上非常寂静，只有铜铁铺里发出使人焦躁的一些单调的丁丁当当。拉车的人们，只要今天还不至于挨饿，就懒得去张罗买卖：有的把车放在有些阴凉的地方，支起车棚，坐在车上打盹；有的钻进小茶馆去喝茶；有的根本没有拉出车来，只到街上看看有没有出车的可能。那些拉着买卖的，即使是最漂亮的小伙子，也居然甘于丢脸，不敢再跑，只低着头慢慢地走。每一口井都成了他们的救星，不管刚拉了几步，见井就奔过去，赶不上新汲的水，就跟驴马同在水槽里灌一大气。还有的，因为中了暑，或是发痧，走着走着，一头栽到地上，永不起来。

祥子有些胆怯了。拉着空车走了几步，他觉出从脸到脚都被热气围着，连手背上都流了汗。可是见了座儿他还想拉，以为跑起来也许倒能有点风。他拉上了个买卖，把车拉起来，他才晓得天气的厉害已经到了不允许任何人工作的程度。一跑，就喘不上气来，而且嘴唇发焦，明明心里不渴，也见水就想喝。不跑呢，那毒花花的太阳把手和脊背都要晒裂。好歹拉到了地方，他的裤褂全裹在了身上。拿起芭蕉扇扇扇，没用，风是热。他已经不知喝了几气凉水，可是又跑到茶馆去。

两壶热茶喝下去，他心里安静了些。茶从嘴里进去，汗马上从身上出来，好像身子已经是空膛的，不会再储藏一点水分。他不敢再动了。

坐下了好久，他心里腻烦了。既不敢出去，又没事可作，他觉得天气仿佛成心跟他过不去。想出去，可是腿真懒得动，身上非常软，好像洗澡没洗痛快那样，汗虽然出了不少，心里还是不舒畅。又坐了会儿，他再也坐不住了，反正坐着也是出汗，不如爽性出去试试。

一出来，才晓得自己错了。天上的那层灰气已经散开，不很憋闷了，可是阳光也更厉害了：没人敢抬头看太阳在哪里，只觉得到处都闪眼，空中，屋顶上，墙壁上，地上，都白亮亮的，白里透着点红，从上至下整个地像一面极大的火镜，每一条光都像火镜的焦点，晒得东西要发火。在这个白光里，每一个颜色都刺目，每一个声响都难听，每一种气味都掺合着地上蒸发出来的腥臭。街上仿佛没了人，道路好像忽然加宽了许多，空旷而没有一点凉气，白花花的令人害怕。祥子不知怎么是好了，低着头，拉着车，慢腾腾地往前走，没有主意，没有目的，昏昏沉沉的，身上挂着一层粘汗，发着馊臭的味儿。走了会儿，脚心跟鞋袜粘在一块，好像踩着块湿泥，非常难过，本来不想再喝水，可是见了井不由得又过去灌了一气，不为解渴，似乎专为享受井水那点凉气，从口腔到胃里，忽然凉了一下，身上的毛孔猛地一收缩，打个冷战，非常舒服。喝完，他连连地打嗝，水要往上漾。

走一会儿，坐一会儿，他始终懒得张罗买卖。一直到了正午，他还觉不出饿来。想去照例地吃点什么，可是看见食物就要恶心。胃里差不多装满了各样的水，有时候里面会轻轻地响，像骡马喝完水那样，肚子里光光光地响动。

正在午后一点的时候，他又拉上个买卖。这是一天里最热的时候，又赶上这一夏里最热的一天。刚走了几步，他觉到一点凉风，就像在极热的屋里从门缝进来一点凉气似的。他不敢相信自己；看看路旁的柳枝，的确微微地动了两下。街上突然加多了人，铺子里的人争着往外跑，都攥着把蒲扇遮着头，四下里找。“有了凉风！有了凉风！凉风下来了！”大家都嚷着，几乎要跳起来。路旁的柳树忽然变成了天使似的，传达着上天的消息。“柳条儿动了！老天爷，多赏点凉风吧！”

还是热，心里可镇定多了。凉风，即使是一点点，也给了人们许多希望。几阵凉风过去，阳光不那么强了，一阵亮，一阵稍暗，仿佛有片飞沙在上面浮动似的。风忽然大起来，那半天没动的柳条像猛地得到什么可喜的事，飘洒地摇摆，枝条都像长出一截儿来。一阵风过去，天暗起来，灰尘全飞到半空。尘土落下一些，北面的天边出现了墨似的乌云。祥子身上没了汗，向北边看了一眼，把车停住，上了雨布，他晓得夏天的雨是说来就来，不容工夫的。

刚上好了雨布，又是一阵风，墨云滚似地遮黑了半边天。地上的热气跟凉风搀合起来，夹杂着腥臊的干土，似凉又热；南边的半个天响晴白日，北边的半个天乌云如墨，仿佛有什么大难来临，一切都惊慌失措。车夫急着上雨布，铺户忙着收幌子，小贩们慌手忙脚地收拾摊子，行路的加紧往前奔。又一阵风。风过去，街上的幌子，小摊，行人，仿佛都被风卷走了，全不见了，只剩下柳枝随着风狂舞。

云还没铺满天，地上已经很黑，极亮极热的晴午忽然变成了黑夜似的。风带着雨星，像在地上寻找什么似的，东一头西一头地乱撞。北边远处一个红闪，像把黑云掀开一块，露出一大片血似的。风小了，可是利飕有劲，使人颤抖。一阵这样的风过去，一切都不知怎么好似的，连柳树都惊疑不定地等着点什么。又一个闪，正在头上，白亮亮的雨点紧跟着落下来，极硬的，砸起许多尘土，土里微带着雨气。几个大雨点砸在祥子的背上，他哆嗦了两下。雨点停了，黑云铺满了天。又一阵风，比以前的更厉害，柳枝横着飞，尘土往四下里走，雨道往下落；风，土，雨，混在一起，联成一片，横着竖着都灰茫茫冷飕飕，一切的东西都裹在里面，辨不清哪是树，哪是地，哪是云，四面八方全乱，全响，全迷糊。风过去了，只剩下直的雨道，扯天扯地地垂落，看不清一条条的，只是那么一片，一阵，地上射起无数的箭头，房屋上落下万千条瀑布。几分钟的，天地已经分不开，空中的水往下倒，地上的水到处流，成了灰暗昏黄的，有时又白亮亮，一个水世界。

祥子的衣服早已湿透，全身没有一点干松的地方；隔着草帽，他的头发已经全湿。地上的水过了脚面，湿裤子裹住他的腿，上面的雨直砸着他的头和背，横扫着他的脸。他不能抬头，不能睁眼，不能呼吸，不能迈步。他像要立定在水里，不知道哪是路，不晓得前后左右都有什么，只觉得透骨凉的水往身上各处浇。他什么也不知道了，只茫茫地觉得心有点热气，耳边有一片雨声。他要把车放下，但是不知放在哪里好。想跑，水裹住他的腿。他就那么半死半活地，低着头一步一步地往前拽。坐车的仿佛死在了车上，一声不出地任凭车夫在水里挣命。

雨小了些，祥子微微直了直脊背，吐出一口气：“先生，避避再走吧！”

“快走！你把我扔在这儿算怎么回事？”坐车的跺着脚喊。

祥子真想硬把车放下，去找个地方避一避。可是，看看浑身上下都流水，他知道一站住就会哆嗦成一团。他咬上了牙，蹚着水，不管高低深浅地跑起来。刚跑出不远，天黑了一阵，紧跟着一亮，雨又迷住他的眼。拉到了，坐车的连一个铜板也没多给。祥子没说什么，他已经顾不过命来。

雨住一会儿，又下一阵儿。比以前小了许多。祥子一气跑回了家。抱着火，烤了一阵，他哆嗦得像风雨中的树叶。虎妞给他冲了碗姜糖水，他傻子似的抱着碗一气喝完。喝完，他钻了被窝，什么也不知道了，似睡非睡，耳中刷刷的一片雨声。

读沈从文

乡土之美

沈从文先生是一位远离政治的作家，在很长一段时间里，他埋首研究中国服饰的演变，完全停止了文学创作，甘愿默默无闻。直到改革开放以后，人们才慢慢知道他，了解他，开始有人研究他。了不起的洋洋巨著《中国服饰研究》也出版了。

其实，沈从文先生出名是很早的。1934 年，他不同凡响的小说《边城》出版，就别开生面，名噪文坛了。这部只有七万字的小说，令人耳目一新！它以清丽沉郁的笔调，抒写了湘西一个小山城茶峒的风土人情，寄托了作者的社会理想，表现出一种平和自然的审美情趣，崇尚着一种淳厚质朴的人性，树起了中国文学中鲜明的乡土文学旗帜。因而，《边城》也就成为世界文学中独树一帜的沈从文先生的代表作。1988 年评诺贝尔文学奖，沈从文先生获得提名，可惜的是，提名前不久，他因病逝世，因此与诺奖失之交臂！瑞典汉学家、诺贝尔文学奖终审评委马悦然先生虽然力争，可是诺贝尔奖不授予逝者是个原则，马悦然先生只能挥泪离开会场，以示坚持。马悦然先生说："五四运动以来的中国作家，就是他，头一个可以获奖的。"

《边城》共有二十一章。每章不过两三千字，自然而不失锤炼，明快而不失含蓄，像一幅水墨画，像一首抒情诗。画在山水里，人在画图中；描写的每一处都美丽，描写的每一个人都善良，然而，平淡古朴的生活却充满了现实与历史的矛盾，穷乡僻壤的边城也闪动着人性与个性的光辉。小说开头只有二千六百字，对准一个小溪渡口，把川湘边境的风景人物，用广角镜似的笔法，不断地调节纵深度，细细地描叙出来。这是小说的开头，也包含了小说情节的发展和人物的归宿。这是个有山有水的好地方，官路到这里就断了，只有渡过这二十丈的小溪，翻过一座小山，才能到小山城茶峒去。因而，小溪渡口就居极重要的地位了。风景从这里展示，人物在这里活动。

"溪流如弓背，山路如弓弦"，如此比喻，就散发出一股古朴的乡土味！看，弯弯清水绕青山，山上有条翻山路。多富野趣！这是从高处看，从远处看，大处敷彩的风景。再从近处看，小溪边还有一座白色小塔，又很发人之幽情！再细看小溪："河床是大片石头作成，静静的河水即或深到一篙不能落底，却依然清澈透明，河水中游鱼来去都可以计数。"

呈现出柳宗元《小石潭记》里的情景，但是，这石溪较之石潭，就更具清波若练之美了；更何况溪水傍山，水中还可以想见悬崖的倒影哩！这就是所谓原生态的山清水秀，没有任何污染，没有任何人工斧凿的痕迹。这当然是一幅令人洗涤胸臆而心旷神怡的风景画！

这渡口生活着祖孙两人。爷爷七十岁了，“从二十岁起便守在这小溪边，五十年来不知把船来去渡了若干人”；他唯一的伙伴是一只渡船和一只黄狗，唯一的亲人便只那个十五岁的孙女了。渡头属公家的，每月发给爷爷“三斗米，七百钱”，因而，过渡不收钱。但是，这里的乡人，“凡事求个心安理得”，有些过渡人还是会觉得“出力气不受酬谁好意思”，上岸时便“抓了一把钱掷到船板上”，爷爷必然要追上去还钱，“塞到那人的手心里”；实在“却情不过，也为了心安起见，便把这些钱托人到茶峒去买茶叶和草烟”。然后，在渡口备了茶缸，泡茶给人解渴，又将买来的上等茶峒烟草“一扎一扎挂在自己腰带边”，伺机奉赠。这简直就是现实版的《镜花缘》里的君子国，乡下的人际关系多么淳朴、善良、富于人情味呀！

孙女的父母是纯粹爱情的殉情者。孙女出世不久就靠爷爷拉扯大，也潜移默化地受到青山绿水和善良人们的哺育与熏陶，名字“翠翠”也取自“住处两山多竹篁，翠色逼人”。翠翠长得“俨然如一只小兽物”。她是个“黑里俏”姑娘，“一对眸子清明如水晶”，漂亮动人。她天真活泼，乖巧善良，“从不想到残忍的事情，从不发愁，从不动气”，温柔纯净，无忧无虑。她不仅承担着家务，还会主动地帮爷爷渡人。有空闲了，她会跟狗逗趣，会凝神地听爷爷讲故事。有时候，她坐在门前的大岩石上，看爷爷在船上渡人，还会吹起小竹作成的竖笛，锐声喊爷爷唱歌。于是，“哑哑的声音同竹管声，振荡在寂静空气里”，围绕着青山绿水，飘着飘着……这比“鸟鸣山更幽”的境界，更宁静、更令人陶醉和神往！

啊，这山，这水，这人，似桃源而非桃源，这就是那小溪渡口的乡土之美！

附：

《边城》第一章

沈从文

由四川过湖南去，靠东有一条官路。这官路将近湘西边境到了一个地方名为“茶峒”的小山城时，有一小溪，溪边有座白色小塔，塔下住了一户单独的人家。这人家只一个老人，一个女孩子，一只黄狗。

小溪流下去，绕山岨流，约三里便汇入茶峒大河。人若过溪越小山走去，则只一里路就到了茶峒城边。溪流如弓背，山路如弓弦，故远近有了小小差异。小溪宽约廿丈，河床为大片石头作成。静静的河水即或深到一篙不能落底，却依然清澈透明，河中游鱼来去皆可以计数。小溪既为川湘来往孔道，限于财力不能搭桥，就安排了一只方头渡船。这渡船一次连人带马，约可以载二十位搭客过河，人数多时则反复来去。渡船头竖了一枝小小竹竿，挂着一个可以活动的铁环，溪岸两端水面横牵了一段废缆，有人过渡时，把铁环挂在废缆上，船上人就引手攀缘那条缆索，慢慢的牵船过对岸去。船将拢岸时，管理这渡船的，一面口中嚷着“慢点慢点”，自己霍的跃上了岸，拉着铁环，于是人货牛马全上了岸，翻过小山不见了。渡头为公家所有，故过渡人不必出钱。有人心中不安，抓了一把钱掷到船板上时，管渡船的必为一一拾起，依然塞到那人手心里去，俨然吵嘴时的认真神气：“我有了口粮，三斗米，七百钱，够了。谁要这个！”

但不成，凡事求个心安理得，出气力不受酬谁好意思，不管如何还是有人要把钱的。管船人却情不过，也为了心安起见，便把这些钱托人到茶峒去买茶叶和草烟，将茶峒出产的上等草烟，一扎一扎挂在自己腰带边，过渡的谁需要这东西必慷慨奉赠。有时从神气上估计那远路人对于身边草烟引起了相当的注意时，这弄渡船的便把一小束草烟扎到那人包袱上去，一面说："大哥，不吸这个吗？这好的，这妙的，看样子不成材，巴掌大叶子，味道蛮好，送人也很合式！"茶叶则在六月里放进大缸里去，用开水泡好，给过路人随意解渴。

管理这渡船的，就是住在塔下的那个老人。活了七十年，从二十岁起便守在这小溪边，五十年来不知把船来去渡了若干人。年纪虽那么老了，骨头硬硬的，本来应当休息了，但天不许他休息，他仿佛便不能够同这一份生活离开。他从不思索自己职务对于本人的意义，只是静静的很忠实的在那里活下去。代替了天，使他在日头升起时，感到生活的力量，当日头落下时，又不至于思量与日头同时死去的，是那个伴在他身旁的女孩子。他唯一的朋友是一只渡船和一只黄狗，唯一的亲人便只那个女孩子。

女孩子的母亲，老船夫的独生女，十五年前同一个茶峒军人唱歌相熟后，很秘密的背着那忠厚爸爸发生了暧昧关系。有了小孩子后，这屯戍兵士便想约了她一同向下游逃去。但从逃走的行为上看来，一个违悖了军人的责任，一个却必得离开孤独的父亲。经过一番考虑后，屯戍兵见她无远走勇气，自己也不便毁去作军人的名誉，就心想：一同去生既无法聚首，一同去死应当无人可以阻拦，首先服了毒。女的却关心腹中的一块肉，不忍心，拿不出主张。事情业已为作渡船夫的父亲知道，父亲却不加上一个有分量的字眼儿，只作为并不听到过这事情一样，仍然把日子很平静的过下去。女儿一面怀了羞惭，一面却怀了怜悯，依旧守在父亲身边。待到腹中小孩生下后，却到溪边故意吃了许多冷水死去了。在一种奇迹中，这遗孤居然已长大成人，一转眼间便十三岁了。为了住处两山多篁竹，翠色逼人而来，老船夫随便给这个可怜的孤雏拾取了一个近身的名字，叫作“翠翠”。

翠翠在风日里长养着，故把皮肤变得黑黑的，触目为青山绿水，故眸子清明如水晶。自然既长养她且教育她，为人天真活泼，处处俨然如一只小兽物。人又那么乖，如山头黄麂一样，从不想到残忍事情，从不发愁，从不动气。平时在渡船上遇陌生人对她有所注意时，便把光光的眼睛瞅着那陌生人，作成随时皆可举步逃入深山的神气，但明白了面前的人无机心后，就又从从容容的在水边玩耍了。

老船夫不论晴雨，必守在船头。有人过渡时，便略弯着腰，两手缘引了竹缆，把船横渡过小溪。有时疲倦了，躺在临溪大石上睡着了，人在隔岸招手喊过渡，翠翠不让祖父起身，就跳下船去，很敏捷的替祖父把路人渡过溪，一切皆溜刷在行，从不误事。有时又与祖父黄狗一同在船上，过渡时与祖父一同动手牵缆索。船将近岸边，祖父正向客人招呼："慢点，慢点"时，那只黄狗便口衔绳子，最先一跃而上，且俨然懂得如何方为尽职似的，把船绳紧衔着拖船拢岸。

风日清和的天气，无人过渡，镇日长闲，祖父同翠翠便坐在门前大岩石上晒太阳。或把一段木头从高处向水中抛去，嗾使身边黄狗从岩石高处跃下，把木头衔回来。或翠翠与黄狗皆张着耳朵，听祖父说些城中多年以前的战争故事。或祖父同翠翠两人，各把小竹作成的竖笛，逗在嘴边吹着迎亲送女的曲子。过渡人来了，老船夫放下了竹管，独自跟到船边去，横溪渡人，在岩上的一个，见船开动时，于是锐声喊着：

"爷爷，爷爷，你听我吹——你唱！"

爷爷到溪中央便很快乐的唱起来，哑哑的声音同竹管声，振荡在寂静空气里，溪中仿佛也热闹了些。实则歌声的来复，反而使一切更寂静。

有时过渡的是从川东过茶峒的小牛，是羊群，是新娘子的花轿，翠翠必争着作渡船夫，站在船头，懒懒的攀引缆索，让船缓缓的过去。牛羊花轿上岸后，翠翠必跟着走，送队伍上山，站到小山头，目送这些东西走去很远了，方回转船上，把船牵靠近家的岸边。且独自低低的学小羊叫着，学母牛叫着，或采一把野花缚在头上，独自装扮新娘子。

茶峒山城只隔渡头一里路，买油买盐时，逢年过节祖父得喝一杯酒时，祖父不上城，黄狗就伴同翠翠入城里去备办东西。到了卖杂货的铺子里，有大把的粉条，大缸的白糖，有炮仗，有红蜡烛，莫不给翠翠一种很深的印象，回到祖父身边，总把这些东西说个半天。那里河边还有许多船，比起渡船来全大得多，有趣味得多，翠翠也不容易忘记。

悸动的心

小山城茶峒最隆重的时刻是传统节日：端午、中秋、过年。特别是端午节，因为有一年一度的划龙船比赛，吸引了远近的村村寨寨，乡民都赶到城边河街去看龙船，成为这边城最大的盛事。对青年男女而言，就不仅是喜欢它的热闹，而且认准是找对象的好时机。翠翠就是在这年看龙船时，碰上了船总顺顺家的小儿子的。顺顺有两个儿子，大儿子叫天保，小儿子叫傩送。这两个年轻人“皆结实如小公牛，能驾船，能泅水，能走长路。凡从小乡城出身的年青人能够作的事，他们无一不作，作去无一不精”。真是好青年！那傩送更是眼眉“秀拔出群”，“为人聪明而又富于感情”，受到茶峒船家人用戏台上的俊美小生“岳云”浑称他的赞美。翠翠在河街上看完赛龙船等爷爷一起回家时，邂逅了傩送。在一个小小的误会里，翠翠有了很深的印象，因为回家后，这件事“使翠翠沉默了一个晚上”。

《边城》第十三章，写的就是“这件事”引发出翠翠内心深处的情感变化。这个天真活泼、无忧无虑的姑娘有烦心事儿了。作者把场景安排在“人约黄昏后”的时刻，也许，黄昏是凄凉、伤感、失意，最需要爱最需要抚慰的时候。“黄昏来时，翠翠坐在家中屋后白塔下，看天空被夕阳烘成桃花色的薄云”，听着杜鹃叫个不停，闻着各种气味混合的热气，除泥土气味，草木气味，“还有各种甲虫类气味”，能闻到甲虫类气味的人，恐怕只有土生土长的极其敏感的乡下姑娘了。这些细腻的描写加上渡口杂乱的声音，翠翠姑娘自然地感到孤单、寂寞、烦躁，于是，“心中有些儿薄薄的凄凉”了。

翠翠十五岁了，是一个“在成熟中的生命”。“那件事”在她心底里蠢蠢作怪，“体验或追究到这个当前一切时”，她不由自主地被“薄薄的凄凉”袭来，不自觉地发现生命中“好像缺少了什么”。到底缺少了什么呢？她说不清楚，只觉得“日子过去了，想要在一件新的人事上攀住它”。这就是青春的悸动悄悄地来到了，情窦初开的朦朦胧胧，黄昏时冒泡儿了。

于是，她便奇怪地“胡思乱想”起来，要鼓足勇气让花季之爱破茧而出，改变这“太平凡”的生活。出走！从相依为命的爷爷身边出走，这是何等力量的冲动啊：“我要坐船下桃源县过洞庭湖，让爷爷满城打锣去叫我，点了灯笼火把去找我。”这里，我们隐隐约约地看到翠翠父母的遗传影响。十五年前，翠翠的父母相爱，背着忠厚的老船夫发生了暧昧关系，就曾商量过逃走。这在第一章叙述翠翠出世时就提到了，那是一段纯情的悲剧，难道这暗示女儿也会重蹈覆辙吗？

翠翠坐在溪边，想象着爷爷失去她的情景，青春的悸动终于变得无所适从，不由得“忽然哭起来了”。她是舍不得爷爷的，也离不开爷爷的。烧火煮饭之后，她坐在悬崖上，夜色笼罩，虽然不去想出走的事了，但是爷爷完全不知道自己的心事，一个劲儿在摆渡上，不理会她，这令她“很觉得悲伤”了。然而，青春的悸动总是美好的，向着光明的，作者非常神奇地招来一只大萤火虫，把翠翠的单纯的内心追求，随着一声“看你飞得多远”，外在地特写式地透过她那对清明如水晶的眸子表现出来了：“眼睛随着那萤火虫的明光追去。”这时候，杜鹃的叫声已经变成一种纯情美的伴奏了。

爷爷毕竟是七十岁的老人，对相依为命的小孙女也搁着一桩心事，回家发现翠翠“已哭了许久”，便流露出来了：“我来慢了，你就哭，这还成吗？我死了呢？”接着，教育翠翠：“不许哭，做一个大人，不管有什么事都不许哭。要硬扎一点，结实一点，才配活到这块土地上！”爷爷深谋远虑，语重心长啊！翠翠是个乖巧懂事的孩子，她知错了，答应不哭了。

祖孙俩又恢复了相依为命的平静。吃饭时爷爷又讲起了翠翠母亲的故事，因为兴致极好，饭后又同翠翠到门外高崖上继续讲。翠翠就抱膝坐在月光下，神往倾心地听着。温馨中，可怜母亲的乖巧、强硬和坚贞，深深地感染着她。她还知道，父亲是“当地唱歌的第一号”，就是跟爱唱歌的母亲对歌恋上的。爷爷风趣地说：“最重要的事情，就是这种歌唱出了你。”

翠翠的一颗悸动的心，由此得到了抚慰，懂得了爱。但愿她不要像母亲那样，而是有新的爱情，能够向着光明，得到幸福！

附：

《边城》第十三章

黄昏来时翠翠坐在家中屋后白塔下，看天空被夕阳烘成桃花色的薄云，十四中寨逢场，城中生意人过中寨收买山货的很多，过渡人也特别多，祖父在溪中渡船上忙个不息。天已快夜，别的雀子似乎都要休息了，只杜鹃叫个不息。石头泥土为白日晒了一整天，草木为白日晒了一整天，到这时节皆放散一种热气。空气中有泥土气味，有草木气味，且有甲虫类气味。翠翠看着天上的红云，听着渡口飘乡生意人的杂乱声音，心中有些儿薄薄的凄凉。

黄昏照样的温柔，美丽和平静。但一个人若体念到这个当前一切时，也就照样的在这黄昏中会有点儿薄薄的凄凉。于是，这日子成为痛苦的东西了。翠翠觉得好像缺少了什么。好像眼见到这个日子过去了，想要在一件新的人事上攀住它，但不成。好像生活太平凡了，忍受不住。

“我要坐船下桃源县过洞庭湖，让爷爷满城打锣去叫我，点了灯笼火把去找我。”

她便同祖父故意生气似的，很放肆的去想到这样一件不可能事情，她且想象她出走后，祖父用各种方法寻觅她皆无结果，到后如何躺在渡船上。

人家喊“过渡，过渡，老伯伯，你怎么的！不管事！”“怎么的！翠翠走了，下桃源县了！”“那你怎样办？”“那怎么办吗？拿了把刀，放在包袱里，搭下水船去杀了她！”

翠翠仿佛当真听着这种对话，吓怕起来了，一面锐声喊着她的祖父，一面从坎上跑向溪边渡口去。见到了祖父正把船拉在溪中心，船上人喁喁说着话，小小心子还依然跳跃不已。

“爷爷，爷爷，你把船拉回来呀！”

那老船夫不明白她的意思，还以为是翠翠要为他代劳了，就说："翠翠，等一等，我就回来！"

"你不拉回来了吗？"

"我就回来！"

翠翠坐在溪边，望着溪面为暮色所笼罩的一切，且望到那只渡船上一群过渡人，其中有个吸旱烟的打着火镰吸烟，把烟杆在船边剥剥的敲着烟灰，就忽然哭起来了。

祖父把船拉回来时，见翠翠痴痴的坐在岸边，问她是什么事，翠翠不作声。祖父要她去烧火煮饭，想了一会儿，觉得自己哭得可笑，一个人便回到屋中去，坐在黑黝黝的灶边把火烧燃后，她又走到门外高崖上去，喊叫她的祖父，要他回家里来。在职务上毫不儿戏的老船夫，因为明白过渡人皆是赶回城中吃晚饭的人，来一个就渡一个，不便要人站在那岸边呆等，故不上岸来。只站在船头告翠翠，不要叫他，且让他做点事，把人渡完事后，就会回家里来吃饭。

翠翠第二次请求祖父，祖父不理会，她坐在悬崖上，很觉得悲伤。

天夜了，有一匹大萤火虫尾上闪着蓝光，很迅速的从翠翠身旁飞过去，翠翠想，"看你飞得多远！"便把眼睛随着那萤火虫的明光追去。杜鹃又叫了。

"爷爷，为什么不上来？我要你！"

在船上的祖父听到这种带着娇有点儿埋怨的声音，一面粗声粗气的答道："翠翠，我就来，我就来！"一面心中却自言自语："翠翠，爷爷不在了，你将怎么样？"

老船夫回到家中时，见家中还黑黝黝的，只灶间有火光，见翠翠坐在灶边矮条凳上，用手蒙着眼睛。

走过去才晓得翠翠已哭了许久。祖父一个下半天来，皆弯着个腰在船上拉来拉去，歇歇时手也酸了，腰也酸了，照规矩，一到家里就会嗅到锅中所焖瓜菜的味道，且可看见翠翠安排晚饭在灯光下跑来跑去的影子。今天情形竟不同了一点。

祖父说："翠翠，我来慢了，你就哭，这还成吗？我死了呢？"

翠翠不作声。

祖父又说："不许哭，做一个大人，不管有什么事都不许哭。要硬扎一点，结实一点，方配活到这块土地上！"

翠翠把手从眼睛边移开，靠近了祖父身边去。"我不哭了。"

两人作饭时，祖父为翠翠述说起一些有趣味的故事。因此提到了死去了的翠翠的母亲。两人在豆油灯下把饭吃过后，老船夫因为工作疲倦，喝了半碗白酒，因此饭后兴致极好，又同翠翠到门外高崖上月光下去说故事。说了些那个可怜母亲的乖巧处，同时且说到那可怜母亲性格强硬处，使翠翠听来神往倾心。

翠翠抱膝坐在月光下，傍着祖父身边，问了许多关于那个可怜母亲的故事。间或吁一口气，似乎心中压上了些分量沉重的东西，想挪移得远一点，才吁着这种气，可是却无从把那种东西挪开。

月光如银子，无处不可照及，山上篁竹在月光下皆成为黑色。身边草丛中虫声繁密如落雨。间或不知道从什么地方，忽然会有一只草莺“嘘！”啭着她的喉咙，不久之间，这小鸟儿又好像明白这是半夜，不应当那么吵闹，便仍然闭着那小小眼儿安睡了。

祖父夜来兴致很好，为翠翠把故事说下去，就提到了本城人二十年前唱歌的风气，如何驰名于川黔边地。翠翠的父亲，便是当地唱歌的第一手，能用各种比喻解释爱与憎的结子，这些事也说到了。翠翠母亲如何爱唱歌，且如何同父亲在未认识以前在白日里对歌，一个在半山上竹篁里砍竹子，一个在溪面渡船上拉船，这些事也说到了。

翠翠问：“后来怎么样？”

祖父说：“后来的事当然长得很，最重要的事情，就是这种歌唱出了你。”

祖父于是沉默了，不曾说“唱出了你后也就死去了你的父亲和母亲。”

孤女之泪

翠翠的爱情是幸运的又是不幸的。

茶峒城船总顺顺的两个儿子都爱上了她，兄弟俩为此还说定在月夜到碧溪岨去唱歌，看谁能获得她的芳心。大老天保自知歌声不如二老傩送，但还是陪弟弟去唱。最终当然是二老一唱到底了。那晚，翠翠似乎在梦中听到了充满激情的优美动人的情歌，第二天一早，她就告诉爷爷，昨夜里“在梦里听到一种顶好听的歌声，又软又缠绵，我像跟了这声音各处飞，飞到对溪悬崖半腰，摘了一大把虎耳草，得到了虎耳草，我可不知道把这个东西交给谁去了。”

看得出来，翠翠已经瞩意那唱歌人了，“绣球”似的虎耳草应该是交给他了！然而，好事多磨，有喜有悲，天保为了成全弟弟，离家闯滩去，不幸溺水死了；而傩送因为哥哥的死，悲痛不已，也搁下了这段情缘，驾船下桃源出走了。翠翠对这一切并不知情，只是从爷爷那里知道天保曾请人来提过亲；爷爷还说了一个笑话：假如天保的弟弟为你来唱歌，“向你攀交情，你将怎么说？”这着实让翠翠吃惊过！后来，翠翠傍在爷爷身边，闭着眼睛听爷爷唱了十支歌，是爷爷有意唱那天晚上从二老傩送那里听来的歌。翠翠自言自语说：“我又摘了一把虎耳草了。”这不自觉的流露，表明翠翠已钟情傩送，爷爷心中有数了。

船总顺顺也知道“二老当真喜欢翠翠，翠翠又爱二老”，但是，不知怎么的，当爷爷进城去找他讨个确信时，他“总想起家庭间的近事，以为全与这老而好事的船夫有关”，便说：“算了吧，我们的口只当喝酒了，莫再只想替儿女唱歌！”爷爷一听，就好像“被一个闷拳打倒”了。就在这个闷热天之夜，脸色“惨惨的”爷爷，在大雷雨中睡下就再也没醒来。

第二十章三千字左右，写的就是大雷雨的第二天。山水冲下来了，溪水涨上来了；屋旁的菜园子冲乱了，屋后的白塔塌倒了，“过渡的那一条横溪牵定的缆绳，已被水淹没了，泊在崖下的渡船，已不见了”。这灾情把早起的翠翠“吓慌得不知所措，只锐声叫她的祖父”，老船夫已经不能应声了。显然，大雷雨是祸从天降，爷爷的死是“闷拳打倒”，一个晚上，天灾人祸全压在一个十五岁的少女身上，翠翠怎么承受得了！她，只能大哭了！

茶峒人都是善良的。很快，“全茶峒城里外都知道这个消息了”，大家都来关心翠翠，“家中人进进出出”。船总顺顺“派人找了一只空船，带了副白木匣子，即刻向碧溪岨撑去”，中午，还亲自送米送酒送火腿猪肉，为办丧事用，还安慰翠翠“不要发愁，一切有我”！爷爷的老朋友杨马兵，带了一个老军人，“赶到碧溪岨去，砍了几十根大毛竹，用葛藤编作筏子，作为来往过渡的临时渡船，又留那老军人守竹筏来往渡人，自己眼泪湿莹莹地去吊老友，帮翠翠布置灵堂。城中的老道士也带了法器，提了大公鸡，“来尽义务办理念经起水诸事”。

爷爷入了殓，老马兵和两个顺顺派来的长工，守夜时轮着唱丧堂歌。翠翠忙了一天，也哭了一天，眼泪都哭干了。半夜过后，黄狗在屋外吠着，翠翠开了大门，到外面去站了一下，老马兵就跟在她后面，生怕她在悲伤中感到“自己一切皆已无望，跳崖悬梁”，跟爷爷一块儿去。翠翠此时仿佛在梦里，虫声，月色，蓝天，星星，跟平时常见的一样沉静温柔，不禁想“这是真事吗？爷爷当真死了吗？”翠翠痴痴地站着想着，忽然看见“流星划空儿下”，听见“对溪有猫头鹰叫”，这是有人刚死的悲凉景象。爷爷确实死了，翠翠孤苦伶仃了！她“默默的回到祖父棺木前面，坐在地上又呜咽起来”。马兵幽幽地安慰她：你爷爷的心事我全都知道，我会把一切安排得好好的，对得起你爷爷！“我要一个爷爷欢喜你也欢喜的人来接收这只渡船……一切有我！”

“一切有我”，杨马兵说的跟船总顺顺说的一样，孤女应该有靠了。最终是杨马兵过来陪翠翠生活，翠翠自己同黄狗弄渡船；顺顺答应翠翠作为二老傩送的媳妇。不过，直到小说结束，使翠翠魂牵梦绕的傩送还不曾回茶峒，“这个人也许永远不回来了，也许‘明天’回来！翠翠只有天天在渡口等着，盼着，痴痴地恋着……”这就是沈从文先生的《边城》，在世风日下的城市里，他寄托浓浓的乡恋，描写记忆中的一方乡土，那些纯净的山水，善良的乡民和坚贞的爱情，也许可以随着人们阅读的悲喜，洗涤一下世俗的灵魂吧。

附：

《边城》第二十章

夜间果然落了大雨，挟以吓人的雷声。电光从屋脊上掠过时，接着就是訇的一个炸雷。翠翠在暗中抖着。祖父也醒了，知道她害怕，且担心她招凉，还起身来把一条布单搭到她身上去。祖父说：“翠翠，不要怕！”

翠翠说：“我不怕！”说了还想说：“爷爷你在这里我

不怕！”

訇的一个大雷，接着是一种超越雨声而上的洪大闷重倾圮声。两人皆以为一定是溪岸悬崖崩落了！担心到那只渡船，会早已压在崖石下面去了。

祖孙两人便默默的躺在床上听雨声雷声。

但无论如何大雨，过不久，翠翠却依然就睡着了。醒来时天已亮了，雨不知在何时业已止息，只听到溪两岸山沟里注水入溪的声音。翠翠爬起身来，看看祖父还似乎睡得很好，开了门走出去，门前已成为一个水沟，一股浊流便从塔后哗哗的流来，从前面悬崖直堕而下。并且各处皆是那么一种临时的水道。屋旁菜园地已为山水冲乱了，菜秧皆掩在粗砂泥里了。再走过前面去看看溪里一切，才知道溪中也涨了大水，已漫过了码头，水脚快到茶缸边了。下到码头去的那条路，正同一条小河一样，哗哗的泄着黄泥水。过渡的那一条横溪牵定的缆绳，已被水淹去了。泊在崖下的渡船，已不见了。

翠翠看看屋前悬崖并不崩坍，故当时还不注意渡船的失去。但再过一阵，她上下搜索不到这东西，无意中回头一看，屋后白塔已不见了。一惊非同小可，赶忙向屋后跑去，才知道白塔业已坍倒，大堆砖石极凌乱的摊在那儿。翠翠吓慌得不知所措，只锐声叫她的祖父。祖父不起身，也不答应，就赶回家里去，到得祖父床边摇了祖父许久，祖父还不作声。原来这个老年人在雷雨将息时已死去了。

翠翠于是大哭起来。

过一阵，有从茶峒过川东跑差事的人，到了溪边，隔溪喊过渡，翠翠正在灶边一面哭着一面烧水预备为死去的祖父抹澡。

那人以为老船夫一家还不醒，急于过河，喊叫不应，就抛掷小石头过溪，打到屋顶上。翠翠鼻涕眼泪成一片的走出来，跑到溪边高崖前站定。

“喂，不早了！把船划过来！”

“船跑了！”

“你爷爷做什么事情去了呢？他管船，有责任！”

“他管船，管了五十年的船——他死了啊！”

翠翠一面向隔溪人说着一面大哭起来。那人知道老船夫死了，得进城去报信，就说：“真死了吗？不要哭吧，我回城去告他们，要他们弄条船带东西来！”

那人回到茶峒城边时，一见熟人就报告这件事，不多久，全茶峒城里外便皆知道这个消息了。河街上船总顺顺，派人找了一只空船，带了副白木匣子，即刻向碧溪岨撑去。城中杨马兵却同一个老军人，赶到碧溪岨去了，砍了几十根大毛竹，用葛藤编作筏子，作为来往过渡的临时渡船。筏子编好后，撑了那个东西，到翠翠家中那一边岸下，留老兵守竹筏来往渡人，自己跑到翠翠家去看那个死者，眼泪湿莹莹的，摸了一会躺在床上硬僵僵的老友，又赶忙着做些应做的事情。到后帮忙的人来了，从大河船上运的棺木也来了，住在城中的老道士，还带了许多法器，一件旧麻布道袍，并提了一只大公鸡，来尽义务办理念经起水诸事，也从筏上渡过来了。家中人出出进进，翠翠只坐在灶边矮凳上呜呜的哭着。

到了中午，船总顺顺也来了，还跟着一个人扛了一口袋米，一坛酒，大腿猪肉。见了翠翠就说："翠翠，爷爷死了我知道了，老年人是必需死的，不要发愁，一切有我！"

各方面看看，就回去了。到了下午入了殓，一些帮忙的回家去了，晚上便只剩下了那老道士、杨马兵同顺顺家派来的两个年青长年。黄昏以前老道士用红绿纸剪了一些花朵，用黄泥作了一些烛台。天断黑后，棺木前小桌上点起黄色九品蜡，燃了香，棺木周围也点了小蜡烛，老道士披上那件蓝麻布道袍，开始了丧事中绕棺仪式。老道士在前拿着个小小纸幡引路，孝子第二，马兵殿后，绕着那具寂寞棺木慢慢转着圈子。两个长年则站在灶边空处，胡乱的打着锣钹。老道士一面闭了眼睛走去，一面且唱且哼，安慰亡灵。提到关于亡魂所到西方极乐世界花香四季时，老马兵就把木盘里的纸花，向棺木上高高撒去，象征这个西方极乐世界情形。

到了半夜，事情办完了，放过爆竹，蜡烛也快熄灭了，翠翠眼泪婆娑的，赶忙又到灶边去烧火，为帮忙的人办消夜。吃了消夜，老道士歪到死人床上睡着了。剩下几个人还得照规矩在棺木前守夜，老马兵为大家唱丧堂歌取乐，用个空的量米木升子，当作小鼓，把手剥剥剥的一面敲着升底一面唱下去——唱王祥卧冰的事情，唱黄香扇枕的事情。

翠翠哭了一整天，也同时忙了一整天，到这时已倦极，把头靠在棺前迷着了，两个长年同马兵既吃了消夜，喝过两杯酒，精神还虎虎的，便轮流把丧堂歌唱下去。但只一会儿，翠翠又醒了，仿佛梦到什么，惊醒后明白祖父已死，于是又幽幽的干哭起来。

“翠翠，翠翠，不要哭啦，人死了哭不回来的！”

老马兵接着就说了一个做新嫁娘的人哭泣的笑话，话语中夹杂了三五个粗野字眼儿，因此引起两个长年咕咕的笑了许久。黄狗在屋外吠着，翠翠开了大门，到外面去站了一会，耳听到各处是虫声，天上月色极好，大星子嵌进透蓝天空里，非常沉静温柔。翠翠想：“这是真事吗？爷爷当真死了吗？”

老马兵原来跟在她的后边，因为他知道女孩子心门儿窄，说不定一炉火闷在灰里，痕迹不露，见祖父去了，自己一切皆已无望，跳崖悬梁，想跟着祖父一块儿去，也说不定！故随时小心监视到翠翠。

老马兵见翠翠痴痴的站着，时间过了许久还不回头，就打着咳叫翠翠说："翠翠，露水落了，不冷么?"

"不冷。"

"天气好得很!"

"呀……"一颗大流星使翠翠轻轻的喊了一声。

接着南方又是一颗流星划空而下。对溪有猫头鹰叫。

"翠翠，"老马兵业已同翠翠并排一块儿站定了，很温和的说："你进屋里睡去了吧，不要胡思乱想!"

翠翠默默的回到祖父棺木前，坐在地上又呜咽起来。守在屋中两个长年已睡着了。

那一个马兵便幽幽的说道："不要哭了！不要哭了！你爷爷也难过咧。眼睛哭胀喉咙哭嘶有什么好处。听我说，爷爷的心事我全都知道，一切有我。我会把一切安排得好好的，对得起你爷爷。我会安排，什么事都会。我要一个爷爷欢喜你也欢喜的人来接收这只渡船！不能如我们的意，我老虽老，还能拿镰刀同他们拼命。翠翠，你放心，一切有我！……"

远处不知什么地方鸡叫了，老道士在那边床上胡胡涂涂的自言自语："天亮了吗？早咧!"

读郁达夫

闲品秋味

在中国现代文学史上，郁达夫是一位独放异彩的作家。他的作品，他的为人，特立独行，放纵恣肆，以至忧郁伤感，都不会影响读者对他的景仰与喜爱，因为他的为文与为人都是纯真坦白的，没有丝毫的伪饰与做作。他是个很自我的人，虽是不断追求女人，风流得有时让人觉得他很颓废，有的作品描写性也很露骨，但叶圣陶先生说“他是一个静观人生的作家，他只描写个人（当然是有教养的知识阶级）和守旧的封建社会”，夏衍先生评价他“是一个伟大的爱国者，爱国是他毕生的精神支柱”。由此而看他的作品，就懂得他“自我的表现”、“自叙传的色彩”的创作主张了。关于这位出生没落书香门第，深受富春江水浸染，具有深厚中国古典文学基础，又饱读千册以上外国文学作品熏陶的作家，其一生是传奇式的，其作品是自我式的。“文如其人”在郁达夫先生身上是显而易见的。

读他的散文名篇《故都的秋》，也可见一斑。郁达夫先生早年在日本留学多年，跟当时很多爱国留学生一样，家乡之思，故国之念，一直萦绕在心中。后来，他在教学和创作之余，参与“创造社”、“太阳社”活动，参加“中国左翼作家同盟”，以至积极投入抗日救亡工作，最后牺牲在印尼苏门答腊。这就是一个爱国者的献身足迹。但是，纵观郁达夫先生的一生，1933 年至 1934 年，为避开国民党在上海搞“白色恐怖”的迫害，他携眷迁居杭州，这是一个他思想的低潮期。也许，他是在游山玩水的闲散安逸生活中，沉静一下自己的心绪，调整一下自己的脚步。他不仅回到阔别的家乡，描写了风景如画的富春江，还“要从杭州赶上青岛，更要从青岛赶上北平”，想尝一尝“故都的秋味”！

那时候，他深情地说“不逢北国之秋，已将近十余年了”。十余年前，故都的秋最具代表性的、给他留下深刻印象的是什么呢？是“陶然亭的芦花，钓鱼台的柳影，西山的虫唱，玉泉的月夜，潭柘寺的钟声”。一句话把北国的秋概括得有山有水，有声有色，美不胜收，似乎是一个个移动的电影镜头，令人浮想联翩！这样的概括，也就展示了作者的视角，定下了文章的基调：作者关注的是那些代表故都的自然景物、日常见闻，而不是富丽宫殿、堂皇古迹；描写的是个人生活、独特感受，而不是城市导游、风貌介绍。于是，在“皇城人海”之中，聚焦到“一椽破屋”之中——显然这是作者亲历过的。那个早晨，那碗浓茶，那“向院子一坐”的架势，地道的故都平民味儿就出来了。那份清闲，那份安静，自然而又难得；也只有这样的心境，才能品出故都特有的秋味来：抬头看天，很高而且碧绿，还听得到“青天下驯鸽的飞声”，天高云淡原是秋常有的，故都就与众不同了，那是万里无云，浩浩一碧。低头看地呢，日光下彻，当然有光影，但是，这故都秋味的光影，却是槐树叶底漏下的，可以“一丝一丝”细数的；这“细数”，自然是闲情静气中的品味了。院中高大的是槐树，低矮的又是什么呢？是“破壁腰中”的牵牛花，还有牵牛花底长着的“几根疏疏落落的尖细而且长的秋草”。如果不是细致入微的观察和品味，哪里会看到那么多颜色的牵牛花，竟至想象出秋草的陪衬！不过，这情这景，破屋，破壁腰，特别是长着的秋草，清静之中确实透露出一种悲凉了。

而这“北国的秋”，郁达夫先生说，特别地来得“清”，来得“静”，来得“悲凉”，还不止于此，他笔锋一转，来了一个联想，“联想起秋来的点缀”——槐树的落蕊。真是别具慧眼，化平庸为神奇！那北平的街边胡同里，落蕊司空见惯，谁去注意它呢？只有“深沉”的郁达夫才能“深沉”地品味得出来。先是从触觉去品味，“脚踏上去”，这落蕊“像花儿又不是花”，决非践踏摧残杀风景，而是让你去发现一种心领神会的美：“一点点极细微极柔软的触觉”，还引你去看树影下，扫地后灰土上留下的“一条条扫帚的丝纹”。这样的境界，只能是用细腻的心去发现“细腻”，用清闲的情去体味“清闲”，而当这发现和体味之后，还深入到潜意识中去了，“有点儿落寞”起来，这“落寞”似乎还不止是悲凉，应该还要加上莫名的孤独了。树下是落蕊，树上是什么呢？是“秋蝉衰弱的残声”，它尽管“啼唱”、“嘶叫”，但让你觉得愈“清”愈“静”之中，更添增了最后挽歌式的“悲凉”！接下来，“息列索落”秋雨后“斜桥影里”老北京的对话，简直把故都的秋，品味到人心人情里了，十分传神。

附：

故都的秋

郁达夫

秋天，无论在什么地方的秋天，总是好的；可是啊，北国的秋，却特别来得清，来得静，来得悲凉。我的不远千里，要从杭州赶上青岛，更要从青岛赶上北平来的理由，也不过想尝一尝这“秋”，这故都的秋味。

江南，秋当然也是有的；但草木凋得慢，空气来得润，天的颜色显得淡，并且又时常多雨而少风；一个人夹在苏州上海杭州，或厦门香港广州的市民中间，混混沌沌地过去，只能感到一点点清凉，秋的味，秋的色，秋的意境与姿态，总是看不饱，尝不透，赏玩不到十足。秋并不是名花，也并不是美酒，那一种半开，半醉的状态，在领略秋的过程上，是不合适的。不逢北国之秋，已将近十余年了。在南方每年到了秋天，总要想起陶然亭的芦花，钓鱼台的柳影，西山的虫唱，玉泉的夜月，潭柘寺的钟声。在北平即使不出门去罢，就是在皇城人海之中，租人家一椽破屋来住着，早晨起来，泡一碗浓茶，向院子一坐，你也能看得到很高很高的碧绿的天色，听得到青天下训鸽的飞声。从槐树叶底，朝东细数着一丝一丝漏下来的日光，或在破壁腰中，静对着象喇叭似的牵牛花（朝荣）的蓝朵，自然而然地也能感觉到十分的秋意。说到了牵牛花。我以为以蓝色或白色者为佳，紫黑色次之，淡红色最下。最好，还要在牵牛花底，教长着几根疏疏落落的尖细且长的秋草，使作陪衬。

北国的槐树，也是一种能使人联想起秋来的点缀。象花而又不是花的那一种落蕊，早晨起来，会铺得满地。脚踏上去，声音也没有，气味也没有，只能感出一点点极微细极柔软的触觉。扫街的在树影下一阵扫后，灰土上留下来的一条条扫帚的丝纹，看起来既觉得细腻，又觉得清闲，潜意识下并且还觉得有点儿落寞，古人所说的梧桐一叶而天下知秋的遥想，大约也就在这些深沉的地方。

秋蝉的衰弱的残声，更是北国的特产；因为北平处处全长着树，屋子又低，所以无论在什么地方，都听得见它们的啼唱。在南方是非要上郊外或山上去才听得到的。这秋蝉的嘶叫，在北平可和蟋蟀耗子一样，简直象是家家户户都养在家里的家虫。

还有秋雨哩，北方的秋雨也似乎比南方的下得奇，下得有味，下得象样。

在灰沉沉的天底下，忽而来一阵凉风，便息列索落地下起雨来了。一层雨过，云渐渐地卷向了西去，天又青了，太阳又露出脸来了；着着很厚的青布单衣或夹袄的都市闲人，咬着烟管，在雨后的斜桥影里，上桥头树底下去一立，遇见熟人，便会用了缓慢悠闲的声调，微叹着互答着的说：

“唉，天可真凉了——”(这了字念得很高，拖得很长。)

“可不是么？一层秋雨一层凉了！”

北方人念字，总老象是层字，平平仄仄起来，这念错的歧韵，倒来得正好。

北方人的果树，到秋来，也是一种奇景。第一是枣子树；屋角，墙头，茅房边上，灶房门口，它都会一株株地长大起来。象橄榄又象鸽蛋似的这枣子颗儿，在小椭圆的细叶中间，显出淡绿微黄的颜色的时候，正是秋的全盛时期；等枣树叶落，枣子红完，西北风就要来了。北方便是尘沙灰土的世界，只有这枣子、柿子、葡萄成熟到八九分的七八月之交，是北国的清秋的佳日，是一年之中最好也没有的Golden Days。

有些批评家说，中国的文人学士，尤其是诗人，都带着很浓厚的颓废色彩，所以中国的诗文里，颂赞秋的文字特别的多。但外国的诗人，又何尝不然？我虽则外国诗文念得不多，也不想开出账来，做一篇秋的诗歌散文钞，但你若去一翻英德法意等诗人的集子，或各国的诗文的Anthology来，总能够看到许多关于秋的歌颂与悲啼。各著名的大诗人的长篇田园诗或四季诗里，也总以关于秋的部分，写得最出色而最有味。足见有感觉的动物，有情趣的人类，对于秋，总是一样的能特别引起深沉，幽远，严厉，萧索的感触来的。不单是诗人，就是被关在牢狱里的囚犯，到了秋天，我想也一定会感到一种不能自已的深情；秋之于人，何尝有国别，更何尝有人种阶级之分呢？不过在中国，文字里有一个“秋士”的成语，读本里又有着很普遍的欧阳子的《秋声》与苏东坡的《赤壁赋》等，就觉得中国的文人，与秋的关系特别深了，可是这秋的深味，尤其是中国的秋的深味，非要在北方，才感受得底。

南国之秋，当然是也有它的特异的地方的，比如廿四桥的明月，钱塘江的秋潮，普陀山的凉雾，荔枝湾的残荷等等，可是色彩不浓，回味不永。比起北国的秋来，正象是黄酒之与白干，稀饭之与馍馍，鲈鱼之与大蟹，黄犬之与骆驼。

秋天，这北国的秋天，若留得住的话，我愿把寿命的三分之二者去，换得一个三分之一的零头。

秋之心声

《故都之秋》是郁达夫散文中的经典代表作。当年，郁达夫先生在北平饱尝故都秋味的时候，接到约稿信，晚上展纸一挥，第二天就交稿了。也许，情之所钟，兴致所至，蕴积于胸中的文思和词藻，一旦被触发，便倾泻而出，一切都尽其自然，顺其自然，成文也就呵不加点了。这种状态下写出来的文章，必然是真情实感老实话，乃发自肺腑直抒胸臆的性灵之作也！

郁达夫先生跟鲁迅先生一样，是从“旧垒”杀出来的文人，在时代潮流的冲激中，把恋故乡、爱祖国的深情，化作“我以我血荐轩辕”（鲁迅句）的一腔热血，要与“诸公努力救神州”（郁达夫句）。但是，现实的复杂与残酷，使他不时产生为杀出一条血路而舐伤之痛。在避居杭州的低潮期里，“猛忆故国寥落甚，烟花缭乱怯登楼”，书香门第出身，古典文学浸润，骨子里难免渗出阵阵“秋士”的情怀了。

秋天，那一片秋景，那一股秋味，最令“秋士”骋目感怀了。郁达夫先生从杭州赶到北平来赏秋，就是要尽情地释放心灵深处那层秋意；而这深深的秋意，又非特别地来得“清”，来得“静”，来得“悲凉”不可！于是，才有那么极细腻的坐在破屋院子里的欣赏，还静观槐树的点缀，还倾听秋蝉的残声，还对一场秋雨那么入神地关注。

骋目过了，感怀又如何呢？郁达夫先生通过写一段秋果的奇景，巧妙地承上启下，不知不觉地由叙而论起来。令人惊叹的是，这不是一个一般意义上的过渡段，而是整篇文章里的一抹亮色！

郁达夫先生精心地挑出枣子树来写，而把柿子和葡萄作了陪衬，让枣子颗儿作为“秋的全盛时期”的代表。这是因为枣子树到处都是，“屋角，墙头，茅房边上，灶房门口，它都会一株株的长大起来”。在北平，毫无疑问它是极常见的树，是大众化平民化的树，而又是极朴实极丰硕的树。当枣子挂满枝头的时候，秋便修成正果了。郁达夫先生的视觉是如此地精细和准确，不仅连茅房边上、灶房门口都观察到了，还把那“枣子颗儿”写得那么可爱！“象橄榄又象鸡蛋”，橄榄是人们的果之爱，回味无穷；鸡蛋是人们的菜之爱，鲜美可口，这就暂去了“悲凉”，略生点儿喜气了。此处还妙在除了用“橄榄”、“鸡蛋”比喻枣子的形状之外，还清楚地让你隐隐感到枣子的颜色。当笔锋拨开枣子树那“小椭圆形的细叶”的时候，才给你真正看见枣子颗儿“淡绿微黄的颜色”！这七八月之交，到处可见的枣子，跟柿子呀，葡萄呀，都成熟到八九分了，便进入到北平的清秋佳日，郁达夫先生赞美它是“一年之中最好也没有的黄金日子”。然而，毕竟“秋士”情怀亮色难久，“枣子红完”还得写一笔：西北风一来，就成了尘沙灰土的世界！

一句“黄金日子”的赞美，拉开了议秋之幕。郁达夫先生似乎代表着“中国的文人学士，尤其是诗人”，批驳了有些批评家把颂赞秋的文字，看成是“颓废色彩”的表现。有力的证据是“你若去一翻英德法意等诗人的集子，或各国的诗文的 Anthology 来，总能够看到许多关于秋的歌颂与悲啼”；而著名的外国大诗人“写得最出色而最有味”的总是“秋”！这是有感觉有情趣的人们对秋特别的“感触”。这种感触是深沉的，幽远的，严厉的，萧索的，即使是囚犯，“到了秋天”也会“不能自已”地感触到。“秋之于人，何尝有国别，更何尝有人种阶级的区别呢？”在郁达夫先生的反诘面前，“有些批评家”应该哑口无言了。

但是，郁达夫先生言犹未尽，又宕开一笔，议及“秋士”，《秋声赋》、《赤壁赋》来，又把“秋的深味”引向了中国的北方。这似乎有些偏颇了。不得不再深入地比较一番。这是美与更美的比较。我们读者也不得不佩服作者思想之深刻，语言之功力！你看，郁达夫先生写“南国之秋”也很具魅力，有与众不同的“特异”，并且早有定评：“廿四桥的明月，钱塘江的秋潮，普陀山的凉雾，荔枝湾的残荷”，这跟文章前面写到的“每年到了秋天总要想起陶然亭的芦花，钓鱼台的柳影，西山的虫唱，玉泉的夜月，潭柘寺的钟声”，达到前后呼应对比、相映成趣的群体美感；南国秋美，北国秋美，都是美得入画，美得令人心醉！但是，北国的秋味更深，那是“黄酒之与白干，稀饭之与馍馍，鲈鱼之与大蟹，黄犬之与骆驼”的品尝，其醇味、厚实、鲜美和沉稳是显而易见的，无怪乎郁达夫先生坦陈恋秋的痴痴之心，若能留住北国之秋，愿意将三分之二的寿命去换了！

民族之痛

郁达夫先生作为一个爱国者，一位民族斗士，一位在海外牺牲的抗日烈士，他个人的生活和情怀，是继承和发扬了我们中华民族优秀传统的。当他徜徉于名胜之地、美景之间的时候，会发自肺腑地沉醉其中，在《故都之秋》里，我们已领略了他对北国之秋和南国之秋的品味，一种文人闲情逸致和旷达孤寂的美感，深深地浸润着我们；或以为深深秋意绵绵情的“秋士”，绝不会有金刚怒目的时候。其实不然，“秋士”也是熟读圣贤书，可“养吾浩然之气”的，气之所至，表现为“先天下之忧而忧，后天下之乐而乐”，就是中国知识分子的传统抱负。到了面临民族危亡、国事维艰的时候，他们便“以天下为己任”，赴汤蹈火，也在所不惜，又表现出以爱国主义为核心的民族精神了。纵观郁达夫先生的一生，此种精神可谓再典型不过了。

郁达夫先生在日本留学，读医，读法，读社会学，最后学的是经济。但 1921 年 6 月与郭沫若、成仿吾等组织新文学团体创造社，7月即发表成名作小说《沉沦》，就呐喊着“祖国你要富起来，你要强起来”，全身心地投入到文学事业中去了。可谓历尽坎坷！其中，难能可贵的是与鲁迅先生成为至交。比如帮助鲁迅先生解决出版纠纷，介绍鲁迅先生参加左翼作家联盟，甚至上海各书店、杂志编辑社、报馆之类，要拉鲁迅先生写稿，都要托郁达夫先生去联系。可见其关系之密切！而当鲁迅先生遭人攻击的时候，郁达夫先生即揭穿攻击者的“登龙术”，劝鲁迅先生不要理睬。1931年初，鲁迅先生又遭人攻击，郁达夫请鲁迅小酌散心，并题诗《赠鲁迅》：“醉眼朦胧上酒楼，彷徨呐喊两悠悠。群盲竭尽蚍蜉力，不废江河万古流。”两位文化巨人的友谊，实在非同一般。

因而，1936年10月19日，鲁迅先生逝世，郁达夫先生听到噩耗，悲痛惊呼：“真是晴天霹雳！”这句话就是《怀鲁迅》的开头。这篇文章不过短短八百字，但句句见真情，句句是金刚怒目式的，把社会的深层和顶层看透了的真知灼见！“鲁迅的死”，是至友的永别，更是中国的大事，当时郁达夫先生身在福州，急忙发唁电，连夜打点行装，“匆匆”地乘船赶往上海。一到上海，连吃饭都只“吞了两口”，就跑到万国殡仪馆去吊唁。郁达夫先生深知鲁迅先生“横眉冷对千夫指，俯首甘作孺子牛”，关注的是青年人；遗体上覆盖的是“民族魂”，关注的是抗日。

由此，郁达夫先生置身其中看到了什么呢?“遇见的只是真诚的脸，热烈的脸，悲愤的脸，和千千万万将要破裂似的青年男女的心肺与捏紧的拳头。”鲁迅先生是“孺子牛”，对青年是特别爱护提携、特别寄予希望的，青年也是特别崇敬、特别爱戴鲁迅先生的。那一张张青春的脸，除了一贯的“真诚”和“热烈”之外，更多了一腔“悲愤”；他们撕心裂肺，化悲愤为力量，在涌动之中，“紧捏”拳头，显得那么坚决有力！这“千千万万”的青年男女就是抗日救亡的生力军，就是民族的未来、中国的希望啊！因而，郁达夫先生看出这丧事的“不寻常”，这“沉郁的悲哀”是瞬间的寂静，它爆发的将是“大地震”，迎接的将是黎明！这不正是鲁迅先生说的“于无声处听惊雷”吗?这也正是鲁迅先生毕生奋斗的信念和今日的遗愿。郁达夫先生这位至交表达得多么准确！

当人们的思想、精神，升华到为伟大的变革贡献力量，去迎接黎明的曙光的境界时，确实，一切生死、肉体、灵魂、眼泪、悲叹，都似乎显得“太渺小”了，这就是继承鲁迅遗愿、继续奋斗的人们，在“鲁迅的死的彼岸”，深深感受到鲁迅精神的“寂光”，这比鲁迅活着的时候“更伟大，更猛烈”，因为伟人之死，凝聚了他的一生，也震撼着人们的灵魂，擦亮着人们的眼睛。郁达夫先生更是高屋建瓴，从民族和国家的高度看到鲁迅的价值，鲁迅的伟大，鲁迅的深刻影响：我们的民族有鲁迅，就不是“可怜的生物之群”，但当时的国民政府甚至通缉过鲁迅，更谈不上什么“拥护”、“爱戴”和“崇仰”了，只能居于“没有希望的奴隶之邦”了；然而，“鲁迅一死”，千千万万人的悼念和悲愤，我们自觉地认识到，我们的民族是“尚可以有为”的；也让“人家”——头脑清醒的外人，“看出了中国还是奴隶性很浓的半绝望的国家”！当然，我们自己知道，我们不仅不是“半绝望的国家”，还是即将诞生的新生国家，你看，“鲁迅的灵柩，在夜阴里被埋入浅土中去了；西天角却出现了一片微红的新月”。这“夜阴”是黎明前的黑暗吧，而“新月”的象征不仅是浪漫的，更是充满期望和诗意的光明前景啊！金刚怒目，至此方才现出壮志凌云的豪光了。

附：

怀鲁迅

郁达夫

真是晴天的霹雳，在南台的宴会席上，忽而听到了鲁迅的死！

发出了几通电报，会萃了一夜行李，第二天我就匆匆跳上了开往上海的轮船。

二十二日上午十时船靠了岸，到家洗了一个澡，吞了两口饭，跑到胶州路万国殡仪馆去，遇见的只是真诚的脸，热烈的脸，悲愤的脸，和千千万万将要破裂似的青年男女的心肺与紧捏的拳头。

这不是寻常的丧事，这也不是沉郁的悲哀，这正象是大地震要来，或黎明将到时充塞在天地之间的一瞬间的寂静。

生死，肉体，灵魂，眼泪，悲叹，这些问题与感觉，在此地似乎太渺小了，在鲁迅的死的彼岸，还照耀着一道更伟大，更猛烈的寂光。

没有伟大的人物出现的民族，是世界上最可怜的生物之群；有了伟大的人物，而不知拥护，爱戴，崇仰的国家，是没有希望的奴隶之邦。因鲁迅的一死，使人自觉出了民族的尚可以有为，也因鲁迅之一死，使人家看出了中国还是奴隶性很浓厚的半绝望的国家。

鲁迅的灵柩，在夜阴里被埋入浅土中去了；西天角却出现了一片微红的新月。

一九三六年十月二十四日在上海

读莫言

夜之心声

一位有独特风格的作家，一旦享誉盛名，许多人，特别是文学爱好者或者具一定语文修养的人，难免会想到去读读这位作家的代表作。我国著名作家、中国作家协会副主席莫言，荣获2012年颁发的诺贝尔文学奖，成为亚洲获此项殊荣的第四人、我国破天荒的第一人，轰动全球，一时洛阳纸贵，莫言作品一书难求，书店告罄，出版社加急再版。人们知道莫言是从张艺谋的成名电影《红高粱》开始的。这部电影改编自莫言的中篇小说《红高粱》。不过，大概有人会把它跟莫言的另外一部长篇小说《红高粱家族》混为一谈。《红高粱家族》确实是莫言的代表作之一，也是受到这次诺贝尔文学奖评委青睐的主要作品之一。但是，莫言对自己发表的11部长篇小说和其他林林总总的中短篇小说，认为最具代表性的，是其小说奠基的作品《丰乳肥臀》。因此，要了解莫言作品的独特风格、理解诺贝尔文学奖的颁奖辞“将魔幻般的现实主义与民间故事、历史和现代融为一体”，《丰乳肥臀》是必读的。

对一般中学生来说，《丰乳肥臀》、《红高粱家族》和不久前刚得过茅盾文学奖的《蛙》等，篇幅都很长，也许放在寒暑假仔细阅读比较合适。在紧张的课余时间读读《白狗秋千架》集子，也是不错的选择。其中可以读到莫言的处女作《春夜雨霏霏》。这个作品，也称得上是莫言中短篇小说的代表作。小说差不多九千字，近乎中篇了，写的是一位年轻的妻子，在结婚两周年纪念日之夜，深切思念守卫在海岛上的丈夫的故事。内容并不复杂，写得却十分曲折动人！这当然是个爱情故事。初三以上的同学在语文课上学习过“爱情如歌”单元，这篇小说完全可以作为拓展文课外阅读；如果作为课内补充课文，则可以用节选的办法。

1981 年，莫言还只是一个在河北黄县山区服役的解放军战士，爱好写作，多次投稿失败。最后，一篇《雨夜情思》打动了河北保定市《莲池》编辑部的老编辑毛兆晃，可谓慧眼识英雄，在老编辑的悉心指导下三易其稿，终于改名《春夜雨霏霏》发表在 1981 年第 5 期《莲池》双月刊上。从此，老编辑经常带他去深入生活和参加一些作品研讨会，于是，莫言走上了文学创作的道路。三十一年后，探寻莫言的创作轨迹，《春夜雨霏霏》无疑是他的处女作。处女作或许不像成名作，也不一定是代表作，但可以肯定，一个作家的处女作，必定倾注了他（她）当时最美好的生活积累和最具表现力的才华。从中可以窥探作家最本质的创作思维方式和运用语言文字的特点。《春夜雨霏霏》采取了女主人公兰兰独白的叙述方式，这是小说中比较有难度的一种叙述方式，一个人丰富复杂的内心世界和错杂多变的思维活动，非有能放能收的驾驭控制力和出人意料的构思铺排不可！这就需要作者在叙述中，调动有效的心理节奏，让意识流有时如汩汩泉水，有时如滚滚浪涛，有时如连山逶迤，有时如鹰飞冲天，有时又如鱼翔浅底……总之，抓得住脑海中一切变幻的印象和意象，编织成一幅活色生香的美丽画卷，一步步展示给读者，一阵阵扣动读者的心弦。

兰兰不仅是位感情丰富细腻、爱情专注热烈的好姑娘，而且是个理解丈夫的好妻子、孝敬长辈的好媳妇。两年前的三月初三，那个新婚的春夜，霏霏的细雨是甘霖，“咱俩就像两滴水一样合在了一起”；今天又是三月初三，也是个“飘洒着霏霏的春雨”的晚上，兰兰十分自然、十分深切地思念起恋爱了漫长五六年、蜜月只欢度了二十天、一别又两年的丈夫，“两年是二十四个月，一年是三百六十天哪！”，真是天天在思念，今夜更难眠，只有“静坐在窗口”想着妹和哥“那些过去的、现在的和将来的事”。于是，想哥“说我的脸像玉兰花瓣一样晒不黑”，摩挲着哥送给我的“光洁晶莹的卵石，五光十色的贝壳，奇形怪状的海螺”；哥两年中月月来信，一共二十四封，“我反复反复地看，重重叠叠地吻”，读信“我就像坐在你面前听你娓娓而谈一样”，那海上的大风，机房的救险，帮战友治病，用家乡土种出来的大冬瓜……你爱岛是爱祖国，爱祖国的人才值得我爱啊！不由得又想起结婚那天“你骑着自行车接我”，时不时回头看我，竟摔进了沟里，可心情更愉快，小雨迎面飞来，“飞到眼里眼睛亮，飞到口里心里甜”。一路看来家乡美，你“会吟诗作画”，现在我俩的结婚照就贴在你画的《小岛烟霞》里，望着它，我向你汇报抗旱，操持家务……啊，天就要亮了，听着那雨点儿，“像倾听着海岛上潮汐的涨落，像倾听着你稳健有力的心跳，像倾听着缥缈中传来的音乐”。字里行间，心声如歌！

附：

春夜雨霏霏

莫　言

哥哥，你听得到我的声音吗？——这从远方一个最爱你的人心里发出的浸透着眷眷之情的音波。近来，人们都在谈论着“心灵感应”的事，对此我惟愿其真惟恐其假。我想，爱人的心应该是时刻相连，息息相通的。记得听老人说，从前，有一个母亲怀念儿子，就咬咬自己的手指，远方的儿子便心中疼痛，知道老母正在思念他……现在，我也咬住了自己的手指，直咬得隐隐作痛。但愿这信号已经传导给你，使你也知道我正在思念你：让你在这神秘的雨夜里也像我一样静坐在窗口，听听你这个饶舌的妹妹向你叙说我突然想起来的那些过去的、现在的和将来的事。

哥哥，此刻，家乡上空正飘洒着霏霏的春雨。这雨从八点开始到现在已经下了两个多小时。村子已经进入梦乡，除了淅淅沥沥的雨声，再也没有别的音响。清爽的小风从窗棂间刮进来，间或有一两个细小的水珠飘落到我的脸上。哥哥，你还记得我的脸吗？你曾经吻过的那张脸。人家都说我俊，说我的脸是晒不黑的玉兰花瓣；你说我不丑，说我的脸像玉兰花瓣一样晒不黑。别人这样说是奉承我，而你是爱我才这样说。其实，我的脸是很容易晒黑的，如果你现在见到我，一定会用双手捧住我的脸说：“哟！我的玉兰花瓣怎么变成玫瑰花瓣了。”你一定会这样说，一定的，因为你爱我……

转眼之间，我们结婚已经两年了。前年的三月初三，是咱俩的好日子。那天，天上飘着毛毛细雨，空气清冽芳醇。

我一夜没合眼，天刚蒙蒙亮就从床上爬起来。我没有梳洗，也没有换衣，而是把你送给我的那些贝壳、海螺、鹅卵石全都找出来，我把它们用手绢擦得干干净净。我摩挲着光洁晶莹的卵石，五光十色的贝壳，奇形怪状的海螺，耳边仿佛听到了海浪的欢笑；眼前仿佛出现了那金黄色的海滩。我知道，你是一个守岛的战士，你深深地爱着海岛上的一切。你觉得你喜爱的我也一定喜爱，于是就把这些海洋中的、海滩上的瑰宝寄给我，一次又一次，我已经积攒了几十颗这样的宝贝。你把我这个从来没见过海的女孩子也给陶冶成了一个海迷、岛迷。每当从电影上、书本上见到那些奇谲壮观的形象和闪烁着神秘色彩的字眼时，我的心便一阵阵颤栗，因为看见海看见岛我就会想起与海岛共呼吸的你。你送我的宝贝，每时每刻都在对我诉说它们家乡绚丽的景色与动人的神话。我每天夜里，总是要抚摸着它们才能入睡，它们自然而然地进了我的梦境。在梦中，我跟随它们到了镶嵌在万顷碧波之中的像钻石一样熠熠发光的无名小岛……

哥哥，从打和你好了之后，就盼着能早一天……可你却参了军，走的时候，我去送你。在村外的柳林边上。你对我说："兰妹，等着我，三年之后我就回来。"我知道你奔的是正道儿，参军是大好的事儿，可是心里总是发酸，眼睛里的泪夹也夹不住，扑簌簌地往下流。你看看四下无人，就弯起指头替我刮脸上的泪。我真想就势扑进你的怀抱，但是又不敢……

你走了，你沿着蜿蜒的乡间小路走了。你三年没回来，四年还没回来，一直等到五年半上你才回来。我的哥哥，我终于把你盼回来了。人家都说当兵的提拔了军官就另攀高枝，你却不是这样，你这个二十六岁的指导员，回来后的第三天就和我结了婚。哥哥，我真感激你！找一个丈夫容易，找一个知心的爱人却不容易，但是，我却找到了。我是共青团员，不信也不能信鬼神。但我却要感谢老天爷配给了我一个好女婿。你说，你也要感谢老天爷，配给你一个好媳妇。你说这二年当兵的找对象不容易，守岛的大兵找个对象更不容易。你说像我这样漂亮的姑娘完全可以找个比你更好的人，我急忙用手捂住了你的口，我不让你说这种话。我对你说，我永远爱你，是的，永远！你说，你也永远爱我，就像永远爱那座无名小岛一样。你竟把我放在小岛之后，你爱上岛胜过爱我，假如它是个人，我是要嫉妒的。我不明白，你为什么那样执著地爱着那个海中央的荒岛。我问道："假如我和小岛都面临着丢失的危险，你先抢救哪一个？"你说："小岛！"我生气了，一个活灵灵的人，竟比不上那乱石嶙峋的荒岛。我哭了，你却笑了。你笑着说："傻姑娘！小岛是祖国的领土，爱小岛就是爱祖国；不爱祖国的人，值得你爱吗?”我也不好意思地笑了，噙着两眼泪水。

那天上午，九点钟刚过二分，你骑着自行车接我来了，打老远儿我就听到了你按响的那串铃声，丁丁零零，像小溪流水一样欢快，像珠落玉盘一样清脆。你穿着崭新的军装，胸前缀着一朵红花，细雨淋得你的的确良军装半湿不干，更显得花儿红，星儿红，两面旗儿红。你的被海风吹得黧黑的脸庞上挂着一层细密的水珠，不知是汗水还是雨点。你对着我笑，你对着所有的人笑，露出一口白牙，左侧那颗小虎牙闪烁着晶莹的光亮。人家的姑娘成亲，都是前呼后拥的一大排自行车迎送，而咱们就是一辆车子两个人。你载着我，我坐在垫了毯子的后座上，偷偷地伸出一只手揽住了你的腰，把身子靠在了你宽厚的背上。我亲切地感受到了你的温暖，心中像有一匹小鹿在乱蹦乱跳。娘家离咱家十里远一点，你将车子骑得很慢很慢，还不时地掉回头来看我。雨虽小，工夫长了也淋人，我的刘海一绺绺地粘在额头上。肩头上，胸前隆起的地方都淋湿了，身子感到凉飕飕的。想催你快点骑，我又怕破坏了你的兴致。随你的便，只要能遂你的心意，我吃点苦算什么?你又回过头来看我，车把子一拧，连人带车子下了沟。我仰面朝天躺在沟底下，裤子上、褂子上、后脑勺上都沾满了黄泥。手里拎的小包袱也摔散了，卵石、贝壳、海螺、鸡蛋，摔得东一个西一个。真好!人家都是把新娘子往炕头上接，你却把我填到沟里去了。你的手碰破了，渗出一层血珠，可你好像不觉得痛，急忙把我抱起来，反过来正过来地看，好像我是一个泥娃娃，摔一下就能摔碎了似的。我故意垂下眼皮，装出不高兴的样子。你笨嘴拙舌地向我赔礼道歉，连连敲打着自己的脑壳。看你这副傻样，我再也憋不住地扑哧一声笑了。我们开始拣丢散的东西。美丽的贝壳、卵石上沾着的黄泥，我放在衣服上擦。你惊愕地睁大了眼。我说："衣服反正脏了，这些宝贝可要干净才好。"你连声说对，拾起一个虎贝来，就放在我背上擦起来，弄得人浑身痒痒地难受——你呀，真坏！

摔了一跤之后，我们的心情更愉快了，我们的心贴得更紧了。小雨儿迎面飞来，飞到眼里眼睛亮，飞到口里心里甜。我真想在这潇洒的雨幕中多呆一会儿，而你恰好猜到了我的心意，你说："兰兰，道路泥泞，为避免二次下沟，我们还是慢慢走吧，回家后我烧碗姜汤给你喝，保你不感冒。"我说："只要是你说的，我都愿意。"你笑了笑，就一手扶了车把，一手牵着我，慢慢地向前走去。小路曲曲折折，路两边是一排排婀娜的杨柳，柳芽儿半开不开的，柳枝条上泛着鲜嫩的鹅黄色。咱们村是有名的桃林庄，隔老远就看到了一片粉红色的彩霞溶在时疏时密的、如烟如雾的雨丝里。绿柳、红桃、细雨，还有我们俩，和谐而融洽地交织在一起，分也分不开，割也割不断……

你说，家乡美极了，美得像一幅艳丽的水粉画；你说，要画一幅《细雨桃花》送给我。你多才多艺，会吟诗能作画，我爱你爱得简直有点迷信。你送我的那幅《小岛烟霞》，把我的心都陶醉了。那轻波荡漾的泛着玫瑰色光辉的大海，那水天相接处的几笔彩霞，那在小岛上空盘旋着的翅膀上涂上紫红的白鸥，那笼罩在五彩烟霭里的神秘小岛……我虽然没有去过小岛，但我十分熟识它，就像熟识你一样熟识它。我早就把镶在镜框里的《小岛烟霞》从娘家抢了回来（嫂子好不高兴，骂我“女大外向”），端端正正地挂在我们洞房的墙上。我把咱俩的结婚照镶嵌在《小岛烟霞》中。邻居家读艺专的二妹子说，这样就影响了画面的和谐，我说：“你不懂。”她笑着点头道：“我懂了。我是从艺术的角度去欣赏，而你呢，是用爱情的心灵来点缀。这一点都不矛盾。”是的，的确是这样，我这样做，纯属出于爱你，爱一切和你有关联的东西。我多么想能紧紧地靠在你的肩上，和你一起溶在这小岛烟霞里……

瞧我，你的这个傻妹子，真傻！你不会笑我吗？是的，不会的，你对我说过：“兰兰，我的傻姑娘，爱幻想，爱流泪，还像个天真的孩子……”你是爱我这种傻劲的，不是吗？

前年的三月初三，咱俩成了亲，到今年的三月初三，是整整的两年。可是，咱们在一起的日子只有二十天。记得结婚后，梦幻般的日子过得像穿梭一样快，蜜月未度完，假期还有十天，你却要走了。你说，岛上刚分来一批新兵，有大量的思想工作要做。你说，有一个四川籍小兵，还有尿床的毛病，要赶回去对他施行“精神疗法”。你说，岛上那些小菜地该种新苗了。你说二十天没见小岛了，二十天没听到海浪的喧嚣，心里空得慌……你要走了，家里人都感到惊奇，邻居们也感到诧异。父母说：“岛上也不差你一个人……”邻居们议论：“难道媳妇不称心……”我什么也说不出来，只是用湿漉漉的眼睛紧盯着你，我多么希望你能多住几天，不，多住一天也好……你从我眼睛里，看出了我要说的话，一刹那间，你好像也犹豫起来，脸上露出进退两难的神情。我不是那号糊涂人，我不愿让你为了我的缘故改变你正确的决定，连队需要你，小岛需要你，要走你就走吧，只要不把我忘了就行。你握着我的手说：“谢谢你，好妹妹……”我说：“谁用你来谢……”一边说着，一边就将成串的泪珠儿滴落在你手上……你走了，我也不能跟你去——父母年纪大了，我要照顾他们。就是这样，你沿着垂柳枝条掩映下的乡间小路走了。你回来时，桃花正开得好似烂漫的轻云；你走时，绿叶参差的枝头刚刚挂上拖着长尾巴的毛茸茸的小桃。

你一去又是两年，两年是二十四个月，一年是三百六十天哪！去年的桃花开得如霞如云，你没看见；今年的桃花又如烟如云般开了，你又没看见……

你提着两大包家乡的黄土走了，给你煮好的鸡蛋，炒好的花生你全都不要。你说，岛上的土比金子还贵重，探家回去的干部战士都往岛上带土。

你带着家乡的黄土走了，我亲手装上的黄土；你带着我的思念走了，凝聚在黄土里的思念。

你给我来了二十四封信，一封封我都反反复复地看，重重叠叠地吻。这些从大海深处飞来的沾带着咸滋滋的海味儿的信，传递着海浪对陆地的眷恋。海浪为什么永不疲倦地跳跃，像孩子一样兴奋地挥动着双手？这是它在向大陆倾吐着思恋与爱慕的衷曲，我想是这样。

读着你的信，我就像坐在你面前听你娓娓而谈一样。你那两只细长的眼睛聪慧地眨动着，你那线条分明的双唇轻轻翕动着。你说，海上刚刚刮过三天大风，停止了肆虐咆哮的大海显得分外宁静安谧，海面上缓缓地舒展着一个接一个的长浪，像轻风吹过五月的麦田……你说，海上卷起风暴时，无名小岛仿佛在瑟瑟地颤抖。海洋深处，像有成千上万匹烈马在奔腾，像有几万只铜号在吹响，像有几万门大炮在轰鸣；五六米高的浪头，像排炮一样从四面八方向小岛上倾泻，又像无数只要把这小岛撕碎揉烂的魔兽的巨爪在狠命地抓扯着……你说，就是在这样恶劣的天气里，你依然带着同志们上机作战，你不停地调整着机器的旋钮，用电的锐眼搜索着苍茫高远的海空，你紧盯着荧光屏上那些起起伏伏的曲线和闪烁不定的光点，你知道，那些针尖似的亮点，那些麦芒似的银线，有的是礁石的回波，有的是过往的航船，你就是要从这些瞬息万变的线点里，捕捉那些心怀恶念的“鲨鱼”。你说，在一场突来的台风中，报房上的水泥瓦不翼而飞，沉重的钢骨房架竟像纸扎的风筝一样坍瘪了。值班的两个战士被堵在屋里，你踢开窗户跳进去把他们救了出来，自己险些被轰然而下的水泥预制件砸住……看到这些，我的心都悬了起来，我真为你担心啊！哥哥，你千万小心谨慎，老天保佑你……

你在信中，让我到沟坎上去采撷酸枣仁，要我到田边上去采掘生地黄。你说，要用这些给那个刚满十八岁的患了遗尿症的四川小兵治病。你说他为这叫人难为情的病所纠缠，思想负担很重，甚至产生了一些不健康的想法，你耐心地给他做思想工作，你还对连里的同志们提了三点要求，一是要关心小丁，二是要帮助小丁，三是不准歧视小丁。你让小丁搬进了自己宿舍，你在枕头底下放了一个闹钟，每天夜里喊他起来解三次手。你拉他晨起跑步，增强他的体质；你给他讲保尔的故事，坚定他的意志。你对我说，小丁的病见好了。你又一次对我说，吃了我采的药，小丁的病完全好了。你寄给我一张小丁的照片，细细的眼睛弯弯的眉，长得真像你的弟弟。他在照片里对着我笑，我看着被酸枣刺扎得结满了小疤的双手，心里就像灌了蜜一样甜……

前年的夏天里，你说岛上的菜地里收获了一个一百斤重的大冬瓜，像我们家乡轧场的石磙。去年的秋天，你说和战士们去抓螃蟹，被蟹钳夹住了手指。今年春天，你说在海滩上巡逻时，捡到了一条搁浅的大鱼，四个人才抬回去……你去年又说不能探家了，因为岛上的机器要大检修；你今年又说不能探家了，因为连队里要进行人生观教育……

今天是什么日子，你还记得吗？我的哥哥，你肯定忘了。你忘不了的，只有你的岛，只有你的海。让我告诉你吧，今天是三月初三，就是那个细雨霏霏的日子。在那个日子里，大地得到了甘霖的滋润，我得到了你火一样的热烈、水一样温柔的爱抚。从那一天起，咱俩就像两滴水一样合在了一起。今天又是三月初三，天上又落下了如丝如缕的细雨，可是……

咱们墙上的挂钟刚刚敲过十二点的钟声，我依然跪在窗棂前，眼望着窗外黑魆魆的夜，耳听着沙沙的雨声，雨点儿斜飞进来，落到我的脸上、胸上……哥哥，这会儿，你在干什么？也许你正背着手枪在海滩上巡逻，你的四周是一片遥远而神秘的黑暗，远方的大洋里清晰地传来浪涛低沉的嗫嚅，潮头舔舐着你脚下的砂石，沙砾中仿佛有无数的小生灵在喁喁低语。你沿着沙滩拐到小岛另一面临海的峭壁上，你站在一块巨石上极目远望，远处的海面上闪动着暗绿色的磷光，像有无数只萤火虫麇集在那里。有一盏航标灯在时隐时现地眨眼，一团浓重的白雾包住了灯火，标灯亮起来时，海面上就有一个轮廓分明的光环在忽上忽下、忽左忽右、飘摇不定地闪烁。你又摸上了岛中央的甘泉顶，甘泉顶上确有一股你和战友们发现的茶碗口粗的甘泉，泉水清洌甘美，胜过醇酒。你说过，在这海中央的荒岛上出现这样一股泉水，不能不是个奇迹。自从泉水引出来之后，吸引来了成群结队的海鸟，每当夕阳余晖把海岛涂抹得五彩缤纷时，鸟儿们便寄宿来了，各种各样的啼叫声震耳欲聋，甘泉顶上一片银白。你上了甘泉顶，顶上有一个哨棚。站岗的是小李，他这几天闹肚子，身体较弱，你硬把他推回去，自己站在了哨位上。夜是这样的深沉，小岛仿佛是一个被大海母亲轻轻推动着的摇篮，在慢慢地悠来荡去，夜宿的鸟儿在睡梦中啁啾。你那双细长的眼里射出警惕的光芒，巡视着黑暗中的一切……祖国没有睡觉，小岛没有睡觉，你没有睡觉，我也没有睡觉……

雨还在不停地下，这真是及时雨啊，庄稼人盼它都盼红了眼。开春以来，连个雨点儿也没落过，越冬的麦苗儿都黄了叶子，地上龟裂着指头宽的纹，连路边的小树也整日卷曲着叶片，懒洋洋地垂着头。我分工负责的那半亩棉花种子落了干，出不来苗，我就到河里挑水去浇。从河里到地里一个来回三里路，一天要跑几十个来回，就这样连挑了半个月，我的那件花格子小褂（你用它擦过贝壳上的泥）肩头上已经补了两层补丁，我柔嫩的肩膀上也磨出了老茧。地真是干透了，干得就像一块刚出窑的热砖，一桶水浇上去，霎时就不见了。这些天又老是刮西南风，热嘟嘟的又干又燥，我的嘴唇上裂了许多小口子，一笑就流血丝儿，幸好我没有心思笑。大家伙儿都不时地仰脸望着头上的青天，天空湛蓝明净，半丝儿云也没有，真叫人失望。我好像听到了土坷垃重压之下的棉苗儿发出了痛苦的呻吟与求救的呼叫，于是，就拼命地挑呀挑，能救活一棵算一棵吧！我的劲没有白费，那半亩棉花，苗儿竟出齐了。

晚上，当我拖着疲惫的身子走进我们的洞房时，劳累与思念交集而来，我偷偷地哭过好几次。哥哥，我真盼望你回来，我不图你当官挣钱，只图个夫妻团圆，只要有你在我身边，再苦再累我也不怕。然而，我知道这暂时不能够，海岛还需要你，连队还需要你，我不能拖你的后腿，为了怕你分心，家乡的旱情我一直对你隐瞒着不说，我一直对你说，很好，一切都很好……可是，我又没有办法不思念你，我常常痴呆呆地坐在炕头上，望着镶嵌在《小岛烟霞》中的结婚照，我的心飞向了小岛，飞到了你的身边。我每天晚上铺床时，总是按照我们结婚时那样式，并排儿放上两个枕头，你的在外，我的在里……我甜蜜地回忆着我们在一起的日子里的每一个细节，每天晚上，我都要复习这功课，每次都沉醉在无边无际的遐想中……

今天早晨，不是，是昨天早晨了，太阳刚一出山，就被一团灰白色的云罩住了。俗谚说，“日头戴帽雨来到”。果然，天阴了，西南风也息了，空气中有了湿润的水汽，吸进肺里，舒坦极了。我在心里虔诚地祝祷着，盼望老天下点雨，但又不敢说出口，生怕把云吓跑了似的。傍晚时分，云愈来愈低，愈来愈厚，有一丝丝凉飕飕的风吹来，风里有一股土腥味。终于，八点整，一阵较大的风吹过来，黑压压的天空变成了凝重的铅灰色，院子里的小树好像预感到了雨的来临，兴奋地抖动着枝叶，一只鸟儿尖叫着掠过去，紧接着，雨点儿啪啪地摔到了地上，刚开始雨点很稀，渐渐地就密起来了。啊呀，老天爷，终于下雨了！我跳到院子里，仰起脸，张开口，让雨点儿尽情地抽打着，积聚在心头的烦恼让喜雨一下子冲跑了。雨愈下愈急，天空中像有无数根银丝在抽曳。天墨黑墨黑，我偷偷地脱了衣服，享受着这天雨的沐浴，一直冲洗得全身滑腻时，我才回了房。擦干了身子后，我半点儿睡意也没有了，风吹着雨儿在天空中织着密密不定的网，一种惆怅交织着孤单寂寞的心情，也像网一样罩住了我……

现在，大地正袒露着胸膛，吮吸着生命的源泉，而我，却一个人跪在这不停地送来清风与水点的窗棂前，羡慕着久盼甘霖而终于得到了甘霖的禾苗，这是一个微妙的、变幻莫测的时刻，这是一种复杂的、混合着欢乐与痛苦的情绪，一个与土地息息相关的边防军的年轻妻子在春雨潇潇之夜里油然而生的情绪。我打了一个寒噤。怕是要感冒了——今天夜里我有点收束不住自己，亢奋轻狂。我不想进被窝，也不愿拉件衣服来遮遮风寒。我双手抱着圆润平滑的肩头，将身子舒适地蜷曲起来，像一只娇痴懵懂的小猫。

前几封信里，我曾对你流露过怨艾的情绪，请你原谅我吧，哥哥，我是想你想急了，才那样做的。你为了海岛连队不能回来；我想去你那里又撇不下地里的庄稼与暮年的父母。我们在一起待了二十天，只有二十天……

哥哥，你对我说过，“两情若是久长时，又岂在朝朝暮暮”。这诗句给了我极大的安慰。我们已经有了二十个朝朝暮暮，这已经很够了。你在那二十天之里和二十天之外通过各种方式给予我的爱情像潮水一样把我、把一个单纯真挚的姑娘淹没了，我由衷地赞叹你把爱海岛与爱妻子完美地统一起来的高超艺术——假如这是一门艺术的话。这一切你做得是那样自然，那样和谐，你的身躯在为着祖国尽责，却仍然能把爱情的触角伸到妻子的心里。

母亲刚刚咳嗽了一阵。她老人家身体很弱，但还是整日地操劳家务。她像疼女儿一样疼我，吃饭时，总是往我碗里夹菜。她常常骂你："这个混小子，这个混小子，又是一个月没来信了吧?"接着就掐着指头算："不到，不到一个月，二十五天了……"她还常对我说："唉唉，这孩子，娶了媳妇的人，还当什么兵……孩子，让你受委屈了，年纪轻轻的，不易啊……"真是不易啊，哥哥！可你是真有道理的，我不怨你。我们失却了瞬时的欢娱，却得到了幸福的永恒。盼望你，反复咀嚼那些逝去温馨的旧梦和不断憧憬日益更新生长着的植根于远大理想之上的情爱，正是一种最令人难以忘怀的幸福，它就像一杯带点苦味儿的香茶，一个带点涩味儿的苹果，一瓶带点酸味儿的橘子汁……刚才有一阵风从庭院里掠过，院子里的桃树枝儿窸窸窣窣地响。桃花儿正盛开，前几天，院子里飞舞着嗡嗡嘤嘤的蜜蜂。由于天旱，花儿也显得憔悴，枯槁。这雨来得正是时候，明天早晨，不，今天早晨，红日初升的时候，一定有一幅美丽的图画在院子里呈现：乳白色的像蝉翼像轻纱一样的晨雾里，翠绿的桃叶上挂满亮晶晶的水珠，枝头花重，鲜润丰泽。花开花落，韶华难留。然而桃花落后，枝头上必将缀满小桃，这是比花儿更充实更完美的花的爱情的结晶。哥哥，我对不起你，我恨自己，在那些日子里，我们的爱情本已经孕育了一个小小的桃儿，可是，他却过早地脱落了。要不然，我的身边就有了一个复写的你，想你的时候，我就可以亲他吻他……

天就要亮了，雨声也零落起来。雨点儿落在花树上、落在泥土上、落在门前倒扣的水桶上，噗噗簌簌的、滴滴答答的、丁丁冬冬的声响一齐传来，我倾听着，像倾听着海岛上潮汐的涨落，像倾听着你稳健有力的心跳，像倾听着缥缈中传来的音乐。

想象之奇

任何一篇优秀的小说都是想象的现实，作者只有进入想象的状态，张开了想象的翅膀，所谓“形在江海之上，心存魏阙之下”，才能创造出独特的故事情节和人物活动。莫言是位善于调动一切来编织离奇故事、叙述传奇人物的作家，他的创作想象力更是不同凡响！天马行空般地驰骋不必说，就是那些信手拈花般地点缀，润物无声般地渗透，也不得不令人啧啧称奇！《春夜雨霏霏》写的是一个独守空房少妇的静夜思，这可以是恼人春夜中难耐寂寞的惆怅无寄，也可以是春雨润心时情波微澜的无限想象。显然，莫言充分发挥了后者。

兰兰的想象就是从情波荡漾开去的。一句“哥哥，你听得见我的声音吗”，整篇小说的想象翅膀便徐徐张开了。这声音是心灵的呼唤，是情波的传递，因为“爱人的心是时刻相连息息相通的”，不仅是“信号”传递，而且还想象哥哥“也像我一样静坐在窗口”，在相思的想象中听她叙说。于是，想象的翅膀腾空而起……

物的想象。淅淅沥沥的雨声里，小风从窗棂间隙带进一两个小雨点进来，“飘落到我的脸上”，立刻回忆起哥哥吻自己的幸福情景，“说我的脸像玉兰花瓣一样晒不黑”。其实，她的脸是很容易晒黑的。于是，想象进一步了：如果你现在见到我，一定会用双手捧住我的脸说：“哟！我的玉兰花瓣怎么变成玫瑰花瓣了。”这种沉浸在爱的甜蜜中的撒娇想象，不仅表现出爱情之深，还表现出爱情之纯，爱情之趣。

说到爱情不能不想到信物了，可是，莫言笔下的爱情信物是十分奇特的，天真的，也是自然的，因为兰兰的丈夫是个守岛战士，兰兰收到的礼物都是一些贝壳、海螺、鹅卵石。这可是最平常不值钱的东西，但在兰兰眼里，这就是最珍贵的信物。想象进入到爱情终成正果的那天，兰兰要做新娘了，她心潮澎湃，想象无限，一夜都没合眼，“天刚蒙蒙亮就从床上爬起来”，还没梳洗换衣，就把珍藏的信物找出来，“用手绢擦得干干净净”。展示在眼前的鹅卵石“光洁晶莹”，贝壳“五光十色”，海螺“奇形怪状”，她一个个“摩挲”着，“耳边仿佛听到了海浪的欢笑；眼前仿佛出现了金黄色的海滩”，想象盘旋到大海上去了。不是想象丈夫拾鹅卵石、贝壳和海螺的情景，而是深入到丈夫的内心：“你深深地爱着海岛上的一切。你觉得你喜爱的我也一定喜爱，于是就把这些海洋中的瑰宝寄给我，一次又一次”，还反躬自省地沉醉地跟自己的内心联成一气："把我这个从来没见过海的女孩子也陶冶成了一个海迷、岛迷"。还不止于此哩，又联想到每次从书本、从电影上看到有关海的描写时，"我的心便一阵阵战栗，因为看见海看见岛我就会想起与海岛共呼吸的你"；即便如此了，想象还在深入，"我每天夜里，总是要抚摸着它们才能入睡"，"在梦中，我跟随它们到了镶嵌在万顷碧波之中的像钻石一样熠熠发光的无名小岛……"这是个多么迷人的爱情美梦！可以延伸出任何想象的场景……这种往复想象，你中有我，我中有你，真令人回肠荡气！

事的想象。兰兰最重要的事当然是结婚过门了。那是两年前的一个上午，兰兰清清楚楚地记得是"九点刚过二分，你骑着自行车接我来了"。新郎就一辆自行车，新娘就一个小包袱，虽然极简单，却是极温馨："我坐在垫了毯子的后座上，偷偷地伸出一只手揽住了你的腰，把身子靠在了你宽厚的背上。"小雨凉风也抵不了贴心的温暖！就在这时候，莫言将笔锋一转，想象飞了起来：新郎慢慢骑车，不时回头看新娘，突然，"车把子一拧，连人带车子下了沟"。这摔沟，真是出格之笔，神来之笔，是情理之中的离奇想象！在中国农村的新婚大喜日子，出这样的车祸，不仅是大洋相，而且是大忌讳，是所谓"天作之合"、"白头偕老"的不祥之兆。从情节上来说，新郎慢蹬车，还不时回头看新娘，这满怀喜悦的眉目传情，当然是处于爱的激动之中，而细雨下，泥泞中，“车把子一拧”也就难免了……然而，莫言却从中拉开了一幕喜剧！新娘子跌了个仰面朝天躺在沟底下，浑身是泥，“小包袱也摔散了，卵石、贝壳、海螺、鸡蛋，摔得东一个西一个”；新郎官的手都碰伤了，出血了，何其狼狈！但狼狈中的新郎却情急可爱，一把抱起新娘“反过来正过来地看”，还忙不迭地笨嘴拙舌地道歉，频频敲脑袋，一副爱的傻样；新娘呢，看见新郎的傻样，“憋不住地扑哧一声笑了”，喜剧一下子就冲到高潮，也冲破了一切习俗的禁忌，新郎新娘开始拾捡丢散的东西，妇做夫帮，亲密合作，一场事故化解演绎成一段佳话。新郎还趁新娘在衣服上擦贝壳、卵石上沾的黄泥时，拾起一个虎贝，“放在新娘背上擦起来”。不是在新房里互相珍视信物，信誓旦旦，而是在摔沟里擦干净“宝贝”，相视而笑；并且还别出心裁地让新郎在新娘的背上擦，真是浪漫得可以了！这一摔，是爱的考验，是爱的磨炼，更是爱的惊喜，爱的完美。于是，在绿柳、红桃、细雨之中，新郎一手扶着车把，一手牵着新娘，慢慢向前走，“分也分不开，割也割不断……”好美满的一对啊！

不论是物的想象还是事的想象，在莫言这篇小说中都让人累感新奇，起伏穿插又很是流畅，这大概不仅是努力就能做到的。

炼句之沉

《春夜雨霏霏》是一篇人美情美的爱情小说，情节完全靠女主人公静夜思的想象来发展，新奇的想象是很吸引人的，但一波又一波叙述和描写的语言，更具魅力，也更凸显作者的文字功力和语言特色。这篇小说的语言通篇是思念的、浓情的、率真的，也是那个特定年代所特有的，莫言抓得很准，抓得很细，写概括，大刀阔斧，很大气；写细节，穷极变化，很新鲜。兰兰和哥哥并非一见钟情就走向婚姻佳期，而是经过了漫长的恋爱，曲折的考验，说来真是话长哩。

莫言巧妙地把时间和人物的发展变化，聚焦在结婚两周年兰兰的静夜思时刻。这就不得不撷取其中精彩的事件，通过想象来连接，有快倒，有留白，有蒙太奇，有工笔画，调动了语言的微妙结合，使读者如行进在山阴道上，或快或慢，或跨越，或驻足，移步则景换，令人心领神会，赏心悦目。

“哥哥，从打和你好了之后，就盼着能早一天……可你却参了军，走的时候，我去送你。在村外的柳林边上。你对我说：‘兰妹，三年之后我就回来。’

你走了，你沿着蜿蜒的乡间小路走了。你三年没回来，四年还没回来，一直等到五年半上你才回来。我的哥哥，我终于把你盼回来了。”

就这么几句话，把五六年的恋爱过程概括了，一个“盼”字千钧重，浓缩了兰兰和哥哥之间发生的多少复杂的情和事啊！这里面，特别是兰兰对哥哥的钟情与理解。从中我们可以想见兰兰那清澈、纯真、热烈的“盼”的眼神。热恋盼佳期，可兰兰一盼就是五六年哪，有跟哥哥好了之后，心底里暗暗的盼；有村外柳林边，多少次回味哥哥诺言的盼；有沿着乡间小路，多少次远望哥哥背影的盼。这种快倒式的概括，留给读者多少空白去补充，去想象！而更出人意料的是好不容易盼来佳期，“咱们在一起的日子只有二十天”，蜜月还没度完，哥哥却要走了，因为哥哥虽然只有二十六岁，已经当上指导员了，“岛上刚分来一批新兵，有大量的思想工作要做”。二十天的蜜月虽然超短，但莫言又出人意料地安排了兰兰和哥哥关于“永远爱你”的讨论：

“我对你说，我永远爱你，是的，永远！你说，你也永远爱我，就像永远爱那座无名小岛一样。你竟把我放在小岛之后，你爱上岛胜过爱我，假如它是个人，我是要嫉妒的。我不明白，你为什么那样执著地爱着那个海中央的荒岛。我问道：‘假如我和小岛都面临着丢失的危险，你先抢救哪一个？’你说：‘小岛！’我生气了，一个活灵灵的人，竟比不上那乱石嶙峋的荒岛。我哭了，你却笑了。你笑着说：‘傻姑娘！小岛是祖国的领土，爱小岛就是爱祖国；不爱祖国的人，值得你爱吗？’我也不好意思地笑了，噙着两眼泪水。”

这段情节很多人都会有似曾相识的感觉，在爱情的考验中有个流传极广的说法，那就是：女的问男的，“我和你妈同时掉进水里，你先救谁？”这是个非常极端的两难问题，如果男的稍有犹豫，女的就不满意了，因为据此可证明男的并不是百分百地爱她。这当然是个恋人游戏，开开玩笑罢了。可经莫言一番改造，就成为很认真、很在理、很有趣，甚至还很深刻、很幽默的圆满的爱的表现。“像永远爱那座无名小岛一样”，这是一个忠诚战士特有的爱，特有的比喻，不同凡响！同时，又是一个新的出人意外的跌宕起伏的开始。兰兰心里很不爽，很不平衡，“你爱上岛胜过爱我”，那样执著，那样钟情，它不过是个“海中央的荒岛”呀！于是，不知从什么地方听来的考验对方的恋人游戏，就冒出来了，极有针对性地套用上了。不料，哥哥极爽快地回答“小岛”，似乎心中根本没有兰兰的地位，她能不生气吗？

能不痛苦吗？能不流泪吗？几乎同一时刻，女的哭了，男的却笑了，一个“却”字，对比强烈，十分出人意外，然而，哥哥笑的理由很是朴素，很是动情，思想境界很高。在兰兰心目中，小岛只是一座“乱石嶙峋的荒岛”；而在哥哥心目中，“小岛是祖国的领土”，这很神圣，而且，“爱小岛就是爱祖国”，爱得多么深沉、多么热烈呀！兰兰不是理解“你深深地爱着岛上的一切”，并且认识到“你觉得你喜爱的我也喜爱”吗？心里已经跟哥哥靠拢了，哥哥还要说“不爱祖国的人，值得你爱吗？”自然感到自己怎么这样“傻”呀，真是“傻姑娘”了，于是，“也不好意思地笑了”，破涕为笑，还“噙着两眼泪水”，这“泪水”，是被哥哥的爱感动出来的，是痛苦豁然散去、满意开心突然降临、从爱泉中溢出来的。

这一别就是两年，两年就是二十四个月，兰兰收到哥哥二十四封来信。读信就成为兰兰劳动之余最最重要的事情了。她怎么读呢？莫言深入到兰兰的爱的内心世界去细细描写。世上的夫妻离别，鸿雁传书，有各种各样的读信方式，兰兰读信当然有她特有的方式：“一封封我都反反复复地看，重重叠叠地吻。”这看信，已经超越了信的内容；这吻信，当然是拟人的举动。“读着你的信，我就像坐在你面前听你娓娓而谈一样。你那两只细长的眼睛聪慧地眨动着，你那线条分明的双唇轻轻地翕动着。”见信如见人，透过一封封信，看哥哥一次次说话哩，哥哥说话的姿势、神态、表情、声音、语调，清清楚楚、亲亲切切；而兰兰的专注，看得入神，听得津津有味，激情涌动，忍不住要“重重叠叠地吻”哥哥了。多么逼真而细腻的描写，读者也忍不住动情了呢！

通过兰兰读信的想象描写，莫言又把惊心动魄的大海和小岛，把哥哥的守岛工作和兰兰的思念担心，错综复杂地呈现在我们面前。风暴来时，“小岛仿佛瑟瑟地颤抖。海洋深处，像有成千上万匹烈马在奔腾，像有几万只铜号在吹响，像有几万门大炮在轰鸣；五六米高的浪头，像排炮一样从四面八方向小岛上倾泻，又像无数只要把这小岛撕碎揉烂的魔兽的巨爪在狠命地抓扯着……”风暴掀起的海浪，不知用多大的力量从海洋深处冲上来，三个连续比喻，用不同的声响交织成一个宏大无比的战场，一阵阵千军万马的冲锋陷阵都冲向小岛，这充塞宇宙的吼声，不仅令小岛颤抖，更企图令守岛的卫士战栗。当五六米高的浪头打向小岛的时候，莫言再用两个动作比喻，把似乎无坚不摧的凶残狰狞的厮杀场面拉开了。用这样的比喻细致描写，不是工笔画也是油画了。小岛上的人怎样了？他们在坚守阵地，紧盯荧光屏，战斗在自己的岗位上。哥哥怎样了？这是兰兰最揪心的，而哥哥恰恰在“报房上的水泥瓦不翼而飞，沉重的钢骨房架竟像纸扎的风筝一样坍瘪”的时候，奋不顾身救出了两个战士，“自己险些被轰然而下的水泥预制件砸住”。好险哪！兰兰的心悬了起来……哥哥爱小岛的英雄行为当然包含了爱她，这让她既感动又担心起来了。

后　记

作为一个语文教师，几十年来，教书、读书、写文章，我一直是比较用功的。教书是工作，是职业，是责任，是我生活的中心；读书是为了更好地教书，写文章则是教书中观察、思考、实践的记录，又提高了教书的品位和层次。其中会读书、多读书和勤写文章、写好文章，实在是教好书的底气和活水。

不断地读书写文章，是自己不断夯实语文基础，不断提高语文水平和教学能力的经验；送走一届又一届学生，看到他们在语文学习中的种种表现，了解一些学生在走向社会、从事各项工作的实际情况，更认识到读书写文章的重要。许多正在工作或已经退休的校友，有个一致的体会：生活、工作和学习中，用得最多的是语文，在中小学阶段打下的读写基础和养成的读写习惯，实在太重要了！

在恢复、继承和发扬中华优秀传统文化、广泛开展全民阅读活动的今天，中小学开始空前重视语文学科，要切实地把学语文提高到学习一切学科的首位，引导大家，特别是引导中学生多读书、读好书，语文教师就更义不容辞了！

除了加强文言文教学外，现代文教学必须扩大课外阅读面。我认为，五四新文化运动提倡白话写作，开创了现代文的新局面，现代文学从起步，发展到成熟，涌现出各家各派精彩纷呈的文学作品，造就了一大批新的文学巨匠。经过百年来的时间淘金，许多作家作品已经成为现代文学的经典了。

在现代文学中，我终于把读书的眼光，集中到卓有成效、影响深远的作家作品上，陆陆续续写了些读书心得给报纸杂志发表。后来，《新闻晚报》的杨玉红为我辟“阅读一得”专栏，我的现代文学读书心得便以中学生为主要对象，成为系列文章与大家共享了。

这次选了10位作家的作品，计30次“阅读一得”，每一心得都附录了所读作品，便于读者翻检对照，细心领会。这本书的出版是个尝试，得到了徐千惠女士和出版社王为松先生的支持，著名语文教育家于漪欣然作序，文艺评论家毛时安、作家沈善增和华东师大周宏教授作了热情的推荐。在此，一一衷心致谢！

如果尝试成功，我将继续整理出版“阅读一得”与大家分享，为阅读现代文学作品抛砖引玉。

图书在版编目(CIP)数据

特级教师的三十堂现代文阅读课/陆继椿著. —上海:上海人民出版社,2018
ISBN 978-7-208-15334-9

Ⅰ. ①特… Ⅱ. ①陆… Ⅲ. ①阅读课-中学-教学参考资料 Ⅳ. ①G634.333

中国版本图书馆 CIP 数据核字(2018)第 158439 号

责任编辑 马瑞瑞
封扉设计 人马艺术设计·储平

特级教师的三十堂现代文阅读课
陆继椿 著

出　　版 上海人民出版社
(201101 上海市闵行区号景路 159 弄 C 座)
发　　行 上海人民出版社发行中心
印　　刷 上海商务联西印刷有限公司
开　　本 890×1240 1/32
印　　张 9
插　　页 2
字　　数 153,000
版　　次 2018 年 8 月第 1 版
印　　次 2022 年 11 月第 3 次印刷
ISBN 978-7-208-15334-9/G·1916
定　　价 46.00 元